Yann Boissière

LE DEVOIR D'ESPÉRANCE

Faire face à la crise spirituelle

DESCLÉE DE BROUWER

Éditions Desclée de Brouwer
10 rue Mercœur – 75011 Paris
9 espace Méditerranée – 66000 Perpignan

www.editionsddb.fr

ISBN : 978-2-220-09847-0
EAN Epub : 9782220098661

Introduction

Le temps est venu de le formuler ainsi : nous vivons une crise spirituelle majeure. Nous autres contemporains n'aimons pas l'exprimer de cette manière, car depuis la formulation du projet moderne par Descartes, « nous rendre comme maîtres et possesseurs de la nature », nous préférons nous prévaloir de notre intelligence, et penser, envers et contre tout, qu'elle seule a légitimité pour imposer ses solutions au monde. De fait, projeter sans cesse notre esprit sur la réalité, avant de devenir aujourd'hui notre pathologie, est ce que nous avons estimé pendant des siècles être notre génie. Jouir de notre puissance d'analyse et identifier chaque jour, avec ivresse, des centaines de problèmes, d'anomalies, de dysfonctionnements et de crises, de toutes sortes et dans tous les domaines, voilà quel fut, jusqu'à il y a peu, le marqueur de notre liberté critique. Crise économique, crise politique, crise de la représentation, de la confiance, crise agricole, viticole, crise de l'école, crise sanitaire, universitaire, diversitaire, crises permanentes ou imminentes : nous n'aimons rien tant que les débusquer et les décrire, au scalpel et sans concession, et surtout les « traiter » en y appliquant nos couteaux suisses mentaux, nos grilles de lectures économiques, politiques, sociétales. Cette manière de procéder nous convient parfaitement car elle correspond, d'une part, à notre tropisme mental dédié à la parcellisation du monde, au découpage de mini-portions de réalité, que notre intelligence ratisse dès lors à loisir pour y déployer nos solutions en « silo ». D'autre part, elle a pour intérêt de générer ses armadas d'experts aux compétences bien arrêtées, de déployer tout un écosystème bien huilé, à la fois savant et narcissique, que nous retrouvons chaque soir sur les plateaux des chaînes d'info et qui, de leur expertise, à la fois apaisent et attisent notre angoisse du monde.

Il n'est probablement pas de domaine de la réalité que nous ne quadrillons pas ainsi de nos analyses. Et pourtant, à regarder nos vies, nous pourrions les comparer sans exagération à celles de ces hamsters qui font tourner, de leur trépignement continu, leur roue à l'infini, et qui, ensemble mais chacun dans son silo, alimentent une société de savoir, de densité et d'intensité maximale, pour un bénéfice global qui nous laisse de plus en plus perplexes… Sommes-nous, sous perfusion d'une société de connaissance et d'information, plus intelligents, plus lucides, plus éclairés quant à ce que nous vivons ? Individuellement, le stress et l'anxiété nous rendent incapables d'être calmes, sereins et confiants, d'apaiser les tensions en nous et autour de nous. Collectivement, incapables de dépasser nos égoïsmes, de faire la part des choses entre tous les « eux » et les « nous » dont nous dressons en permanence les barrières – incapables de fonder une société commune.

Il semble que nous soyons surtout encombrés, aujourd'hui, par notre propre production mentale, tous ces cirrus, ces cumulo-nimbus de *reporting* et de justifications permanentes, cette obsession du *process* et du contrôle, cet excès de normes par lesquelles nous tuons, dans tous les domaines, toute initiative, toute confiance en l'autre, toute créativité. Hillary Clinton confiait un jour la chose suivante à des journalistes : je vais cesser de vous rencontrer, disait-elle en substance, car cela fait une dizaine de fois que je vous vois en quelques jours pour partager avec vous mes actions, ce que j'ai fait et ce que je compte faire. Mon seul problème est qu'avec tout le temps que je prends à vous parler, je ne fais absolument rien de ce que je suis censée vous dire... !

Pour la première fois dans l'histoire de l'humanité, la « masse informationnelle » qui gravite au-dessus de nos têtes excède désormais la capacité de nos cerveaux à l'ingérer. À en filtrer la part utile et belle pour en faire le miel d'une culture personnelle. Plus que jamais aimantées, en excitation permanente, nos intelligences sont comme dressées les unes contre les autres. Elles nous rendent obèses, malheureux, irascibles, impatients et violents – notre fluidité, notre abondance de richesses et d'informations commencent à ressembler à une malédiction.

Cette crise – car c'en est une – n'est pas supplémentaire à toutes les autres : elle en est la matrice. Pourquoi ? Parce qu'elle ne concerne pas une portion du réel en particulier, ni un niveau spécifique d'analyse (économique, politique, géostratégique), mais quelque chose de plus fondamental : notre posture même vis-à-vis du monde. En particulier le rapport excessif, quasi exclusif, que nous avons instauré avec lui à travers notre esprit. Derrière le grand jeu des

« problèmes » et des « solutions » en effet, derrière la panoplie des vocabulaires spécialisés que nous déployons pour couvrir telle ou telle urgence, jouant à croire à la pure technicité des situations et de nos solutions, c'est une immense face B, toujours la même, que nous occultons : nous-mêmes. Nous avons en cela une prodigieuse tendance à oublier que *nous* sommes, la plupart du temps, la propre source de nos problèmes – et nous dispensons une énergie non moins formidable à diriger nos tentatives de solution le plus loin possible de notre propre direction…

Diagnostiquer une crise spirituelle face aux durs faits du monde, voilà qui paraîtra peu réaliste, trop global pour être honnête. La pyramide de Maslow est passée par là, qui, des besoins physiologiques primaires jusqu'à l'accomplissement de soi, tire les différents tiroirs de la complétude humaine… Qui songerait, face aux détresses dont nous sommes témoins 24 heures sur 24 devant nos téléviseurs : terrorisme, faim, guerres, épidémies, destruction des environnements quotidiens, ironiser sur les sécurités primaires de l'être humain ?

Par un surcroît d'infortune, nos sociétés se fracturent aujourd'hui non plus seulement selon des lignes sociales, mais aussi identitaires, et plus encore, en écho de combats géostratégiques voulus par d'autres – c'est l'ennemi qui vous désigne – selon un critère que la société française, forte de sa laïcité combattante et *in fine* triomphante, n'attendait pas : la religion. Crise spirituelle ? Aussi. Lorsqu'un islamisme mondialisé, grâce à la simple magie d'une antenne parabolique, répercute ses enseignements de la mosquée Al-Azhar, d'Arabie saoudite ou de Peshawar pour donner, si besoin, à une intégration malaisée le lustre d'un séparatisme paré du souffle coranique, le désarroi de la nation est grand. Cet aspect-là n'est pas le cœur du livre, mais il en est aussi une toile de fond, tant ce désarroi touche à des choses que nous pensions fondamentales, ce que nous avons appelé un temps le « vivre ensemble », cette ouverture fondamentale de nos sociétés envers toute différence portée par les individus. Mais les faits sont là, et les images. Et les cris : sur une même place de la République, porteuse de tous les combats sociétaux, syndicaux et républicains, nous sommes passés, en moins de dix ans, de « Nous sommes Charlie[1] » à « *Allahu akbar*[2] ». Le trait de plume, dans son raccourci, est saisissant, cruel, et dit la rapidité de l'effondrement. En parallèle, ainsi, du grand étourdissement mental de nos sociétés, se poursuit sur un plan politique une dynamique de désaffiliation, de mauvaise conscience, de flagellation de nos acquis où la palme de la légitimité semble aller désormais au ressentiment, à la défiance, à l'anxiété. À la désespérance ?

« Il n'existe pas de situation désespérée, seulement des gens désespérés », disait Shimon Peres[3]. Aussi, si à la faveur d'un temps de recul, le sentiment d'impuissance qui résulte de tout cela nous semble également digne d'intérêt, alors nous conviendrons, avec le spécialiste des organisations

1. Le 7 janvier 2015.

2. Le 19 octobre 2023, lors d'une manifestation de soutien à la « résistance palestinienne » à Gaza.

3. Cité par son fils Chemi Peres, « Les Palestiniens doivent accepter l'État démocratique juif qu'ils ont toujours rejeté », *Le Figaro*, 1er décembre 2023, p. 13.

Ronald Heifetz, d'une distinction majeure : celle entre les problèmes techniques et les problèmes adaptatifs.

Rien de plus simple, en principe, qu'un problème technique. La voiture est en panne ? J'identifie la panne. C'est le carburateur ? Je remplace le carburateur – et la voiture fonctionne à nouveau. Identifier la panne puis remplacer, tel est, en essence, le problème technique. Autrement complexe, le problème adaptatif ressemble à la situation suivante : je vais chez le médecin, il m'examine, et le stéthoscope une fois posé, il me dit la chose suivante : « Votre stress est excessif. Le surpoids vous guette et vous fumez trop ; c'est simple, si vous ne changez pas radicalement votre système de vie, je ne puis que vous avertir de votre probabilité de mourir dans les trois ans qui viennent. » Face à un problème adaptatif, il ne s'agit pas de remplacer une pièce : *vous* êtes le cœur du problème, et c'est vous-même qu'il s'agit de changer. Vous et votre système de valeurs, vos habitudes, la manière dont vous vivrez.

Il n'échappe à personne que nos problèmes majeurs, aujourd'hui, sont de nature adaptative. Le changement climatique, la transition énergétique, la surconsommation, les problèmes liés à l'immigration, à l'intégration, à la pauvreté, à la violence – aucun de ces problèmes n'est nouveau. S'agit-il de remplacer un carburateur défaillant quelque part ? La suggestion fait sourire. Une fois l'illusion technocratique écartée – nous savons qu'ils exigent, non une solution, mais *notre* transformation.

Mais en quoi, demandera-t-on, cette crise serait-elle spécifiquement spirituelle ?

Alors que nous passons notre temps à créer de la valeur dans un jeu social où le regard de l'autre est primordial, elle le serait si la spiritualité était bien ce principe qui consiste à cesser le jeu permanent du relativisme pour entrer en soi-même. À suivre ce conseil de Jabès : « Tiens-toi dedans, n'envoie pas dehors. »

Elle le serait si la spiritualité recherchait, en nous-mêmes précisément, non la béatitude médiocre qui consiste à se trouver merveilleux, mais une source, une valeur absolue, un point en nous-mêmes mais qui n'est pas nous-mêmes, qui nous irrigue, et qui est la source de toute valeur et de tout sens.

Elle le serait si, par-delà les problèmes qui nous occupent, le plus fondamental était bien celui de notre rapport au monde. Si, au-delà du souci de nos performances, c'était bien de notre âme qu'il s'agit.

Alors oui, cette crise serait bien spirituelle, elle *est* spirituelle : elle est « la crise spirituelle de notre temps ».

Enclin au constat, mais tout autant à la résolution de l'espérance, déterminé à bannir « la stupidité, la futilité de tout ce qui ne contient pas, n'apporte pas un peu d'allégresse, d'amitié, de bonheur, d'idéal[4] », ce livre se déploie en trois moments.

J'envisagerai dans la première partie la rupture anthropologique aujourd'hui en cours : l'« individu » est en train de se désintégrer. S'il disparaît, il nous faudra le rappeler, c'est parce qu'il était une construction. Cette figure de l'« individu » a émergé avec la modernité et, en cohérence

---

4. Dino Buzzati, *Le régiment part à l'aube*, Robert Laffont, 2018, p. 113-114.

avec les nouvelles sociétés de contrat, a promu notre être particulier de liberté et de volonté, de pouvoirs et de droits (chapitre 1). Après en avoir décrit sa souveraineté maximale à la lumière de Descartes, Hobbes et Kant (chapitre 2), il nous faudra pointer les causes de sa désintégration aujourd'hui : notre nouvel environnement technologique. Et la mutation anthropologique qu'il implique quant à notre rapport au monde, à la manière même dont nous concevons la connaissance (chapitre 3). Nous verrons combien notre stratégie, face à cette pression, est étrange, mais typique de notre actuelle condition : une schizophrénie, que je qualifierai de « tactique ». D'une part un surcroît d'activité mentale, de contrôle du réel par la gouvernance des nombres et des idéaux, une forme *d'hubris* mentale. D'autre part, une série de renoncements et d'abandons que l'homme théorise désormais de manière tout à fait explicite comme sa défaite programmée devant la machine – et que j'appelle la « déconviction » (chapitre 4).

Ma deuxième partie s'attachera à reformuler ces constats dans une perspective spirituelle. En quoi notre évolution actuelle a-t-elle un impact sur notre intériorité, nous fait manquer quelque chose de précieux, d'essentiel à notre humanité ? Posant les prémices d'une « anthropologie spirituelle », nous verrons ainsi comment notre condition humaine nous détermine, que nous le voulions ou non, à être des êtres spirituels (chapitre 5). Et comment notre esprit, s'il est bien porteur de nos capacités intellectuelles, fait toutefois écran à notre expression spirituelle (chapitre 6). Je m'emploierai alors à définir ce que j'entends par spiritualité (chapitre 7), pour mettre des mots sur la « crise spirituelle de notre temps » (chapitre 8).

Cinq respirations. Telles seront, après les diagnostics, les notes plus narratives, plus enjouées sans doute, de notre troisième partie. Tirées des enseignements de la Bible et puisant à son interprétation selon la tradition juive, ces « respirations » visiteront successivement : « l'âme » (*Nefesh*), qui dira de quelle musique intérieure nous sommes capables (chapitre 9) ; le « retour sur soi » (*Teshuvah*), souplesse d'âme qui nous permet de revisiter nos actes à nouveaux frais (chapitre 10) ; « Tu feras et tu entendras » (*Na'assé ve-Nishma*), célèbre maxime qui proclame le choix de l'énergie sur l'information (chapitre 11). La « réparation » (*Tikkoun*) fera souffler les braises de la bénédiction sous les cendres du ressentiment (chapitre 12). Le « sens » (*Ta'am*), enfin, ne tentera rien moins que de nous réconcilier avec le goût de la vie (chapitre 13) !

Si, comme le disait Christiane Singer, « il n'est qu'un crime, c'est de désespérer du monde[5] », alors cet ouvrage est un acte de résistance. Et si l'élan de mon propos cherche en fin de compte à conjuguer quelques traits de lucidité avec la promesse de respirer une possible joie du monde, alors il n'est qu'une victoire, courue d'avance : avoir tenté d'espérer !

---

5. Christiane Singer, *Derniers fragments d'un long voyage*, Albin Michel, 2007, p. 62.

Première partie

L'individu.
Gloire et désintégration

Je m'attacherai dans cette première partie à considérer l'immense ébranlement anthropologique en cours : l'« individu » est en train de mourir.

Cette mutation majeure signifie que nous quittons le paradigme de l'« individu », une création de la modernité initialement construite en rupture avec les mondes médiévaux. Après avoir tenu quelques siècles, sa mutation est radicale : elle concerne notre position vis-à-vis du monde, les représentations que nous avons de nous-mêmes et de notre humanité, notre culture, et la manière même dont nous élaborons nos connaissances. Un tel phénomène n'est pas sans causes, ni sans conséquences : une crise spirituelle majeure, dont la désintégration de l'individu est à la fois l'occasion et l'expression.

1

L'individu est une construction

Nous ne sommes plus des citoyens grecs. Ou romains. Nous ne sommes plus ces juifs antiques, prêtres ou pharisiens, qui, à Jérusalem, ont su bâtir un Temple vide à l'écoute du Dieu Un, nous ne sommes plus ces chevaliers pétris de la culture du fief, de la guerre et plus tard de l'amour, ni ces pieux chrétiens qui de leur foi ont collectivement érigé les cathédrales – ou massacré les infidèles. De ces variations de la figure humaine, l'histoire nous conte les imaginaires, les rêves partagés et les visions irréductibles – et ce simple énoncé nous fait saisir combien, par contraste, nous en sommes éloignés. Combien, en revanche, nous sommes porteurs de la culture qui les a dépassées, absorbées, remplacées : la culture spécifique de la modernité, celle de l'« individu ». Nous sommes des individus. Nous sommes « encore » des individus, devrais-je dire, et j'entends par « encore » le fait que l'individu est en train de mourir, et qu'il nous faut dire en quoi il était mortel. Il ne l'est, en toute rigueur, que parce qu'il fut une construction.

Chaque époque, chaque civilisation, met en œuvre une solidarité conceptuelle entre son organisation collective, politique et économique, et une vision particulière de l'être humain, une représentation de ses pouvoirs, de ses devoirs et de ses droits. À cet ensemble est toujours associée une vision de ce qui constitue le *meilleur* de l'homme, de la façon dont sa vie peut dignement faire sens, autrement dit d'un possible horizon spirituel. Rémi Brague évoque ces effets de réciprocité, en notant combien « une civilisation est liée à un certain type humain qui est avec elle dans une relation circulaire, à la fois cause et effet. Une civilisation est cause dans la mesure où elle fournit un certain nombre de modèles censés répondre aux questions élémentaires impliquées par la condition humaine [...], rapport à soi-même, à son prochain, à la nature, au divin qui nous surplombe, etc. Ces modèles nous moulent plus ou moins à notre insu. Réciproquement, c'est un certain type humain qui a fait l'Europe[1]. » Hans Kuhn, quant à lui, rappelle avec malice la nature de tout bon paradigme, à savoir comment une construction, par définition contingente et culturelle, finit par acquérir un degré d'évidence tel qu'il passe pour naturel et nécessaire : « Un paradigme est un système de croyances et de postulats qui créent conjointement une vision du monde intégrée, unifiée, si convaincante et impérieuse qu'on la confond avec la réalité

1. Rémi Brague, « Notre identité excentrique », in Jean Birnbaum (dir.), *L'identité, pour quoi faire ?*, Gallimard, 2020 [p. 65-85], p. 72-73.

elle-même[2]. » À cet égard, Marx est peut-être le philosophe qui a le plus explicitement exploité cette donnée pour construire sa pensée: « Les rapports sociaux sont intimement liés aux forces productives [...]. Le moulin à bras vous donnera la société avec le suzerain ; le moulin à vapeur, la société avec le capitalisme industriel[3]. »

Quelques exemples empruntés à diverses périodes historiques confirment ces généralisations. La vision grecque du monde, ainsi, développe une conception de l'homme et de sa dimension politique indexée sur sa vision cosmologique[4]. Spontanément polythéiste, l'intuition grecque témoigne en effet d'un univers composé de forces, où prévaut la pensée de leur équilibre ou de leur tension les unes envers les autres. Il est fascinant de voir combien le monde des affaires humaines ou celui de la technique sont dès lors pensés sur ce même registre antagoniste où, par des instruments appropriés, il s'agit de *kratein*, de « dominer », de « l'emporter sur » une résistance, et d'imposer son objectif sur la portion de réel considérée[5]. Le monde grec est empreint de ce prisme démiurgique, où « ce qui est »

2. Jeremy RIFKIN, *La nouvelle société du coût marginal zéro*, Les liens qui libèrent, coll. « Babel », 2014, p. 21.

3. MARX, *Misère de la philosophie. Réponse à la* Philosophie de la misère *de Proudhon* (II : La métaphysique de l'économie politique. 1 – La méthode, deuxième observation), version numérique établie par Jean-Marie Tremblay, p. 73.

4. Jeremy RIFKIN, *La nouvelle société du coût marginal zéro*, *op. cit.*

5. Jean-Pierre VERNANT, « Structures géométriques et notions politiques dans la cosmologie d'Anaximandre », in *Mythe et pensée chez les Grecs. Études de psychologie historique*, La Découverte, Paris, 1996 [p. 216-37], p. 220-21.

est considéré comme ce qui « a prévalu » – je suis, parce que j'ai vaincu.

Si le *kosmos* est ce grand équilibre des forces et des puissances, c'est sur ce même fond cosmologique que se déploie la pensée grecque du politique. L'espace politique y est conçu de façon géométrique, celui d'un foyer commun, l'*agora*, où, ainsi que l'a démontré Jean-Pierre Vernant[6], le centre représente aussi bien la résultante de toutes les forces que son point d'annulation. Il représente la collectivité, le « centre du tout » (*mesé pante*) par rapport auquel toute déviation représente un saut hors du point d'équilibre, une dérive, une saillie vers l'individuel. Dans une telle perspective, l'homme, autant qu'il définit les structures, se laisse lui-même définir par les structures – c'est là le slogan de Simonide : « C'est la cité qui fait l'homme. »

L'époque médiévale a tout autant manifesté semblable consistance entre les différentes strates de l'expérience humaine. Thomas d'Aquin en a livré une magistrale récapitulation philosophique, décrivant la création comme une immense chaîne hiérarchisée de niveaux d'existence, où la société met en musique les vibrations supra naturelles du cosmos. La radicale différence de cosmologie proposée par la réforme protestante ne se conçoit ainsi que par opposition avec cette idée d'une chaîne étagée et continue de l'être. La vision hiérarchique se voit congédiée, pour y substituer la relation directe du croyant avec le Christ : l'appel à travailler sans relâche pour améliorer le sort de sa vie en devient la parfaite traduction sociale[7].

---

6. *Ibid.*, p. 217.

7. Jeremy Rifkin, *La nouvelle société du coût marginal zéro*, *op. cit.*, p. 91-92.

Pour en venir, maintenant, à notre fameux individu, et avant de se pourvoir à son chevet, il sera bon de suivre la lumineuse leçon de Pierre Manent. Avec un recul éclairant, celui-ci situe l'« individu » comme la construction d'une troisième voie visant à dépasser les deux modèles politiques qui se faisaient concurrence à la fin du Moyen Âge : celui de la cité – des cités italiennes, plus précisément – et celui de l'Église universelle. Chacun promeut un type d'autorité – et d'humanité. La cité fait fleurir l'homme mondain, naturellement et essentiellement politique, tandis que l'Église exige un être dont l'instance éternelle, son âme, doit avant tout obéissance à son Créateur. Pour ne donner qu'un seul exemple de leur totale divergence en termes d'idéal humain, évoquons la vertu par excellence de l'homme de la cité, la « magnanimité ». Le magnanime est celui qui se suffit à lui-même, accomplissant la plus belle virtualité – selon cette conception – de sa nature humaine. Qualité on ne peut plus exécrable aux yeux de l'idéal chrétien, et qui, en l'occurrence, incarnerait bien plutôt l'infâme modèle de l'orgueilleux. Difficile, à cet égard, de faire plus opposé à l'autosuffisance que la vertu chrétienne première, l'humilité, vouée à reconnaître sa dépendance envers la grâce divine. Ce seul exemple nous donne à imaginer le travail d'érosion réciproque qui s'ensuivit de l'antagonisme des deux visions. Viendra le temps de l'épuisement, et du remplacement, laissant place à la troisième voie, moderne, de l'« individu ».

La *via moderna* a tout d'une révolution – elle invente de nouvelles règles de jeu. Non qu'elle résolve les problèmes anciens, mais elle rend tout simplement leurs questions obsolètes, les dissout par de nouvelles espérances. Le génie de la solution par l'« individu », plus précisément, tient au fait que celui-ci n'a plus à « appartenir » à un cadre préalable – il n'appartient qu'à lui-même. La nouvelle condition humaine change de définition, et même de *type* de définition : elle ne sera ni la condition pécheresse de l'homme chrétien, ni aucune vision idéaliste indexée sur le cosmos. La clé de la nouvelle figure humaine sera sa seule *nature*, dans la version désenchantée qu'en donne Hobbes, une vie d'homme essentiellement « solitaire, misérable, dangereuse, animale et brève[8] ». Face à la question politique fondamentale : « À qui obéir ? », la solution moderne consiste donc à répondre : ni à Dieu, ni aux « meilleurs » – autrement dit à aucun des extérieurs ou des antérieurs de l'expérience humaine –, mais à la « nature » des choses, à la « nature humaine » tout simplement.

C'est ainsi, en rupture avec les mondes antiques et médiévaux, que la modernité a promu aux côtés de l'État-nation la forme particulière de l'« individu », foyer autonome de volonté, de pouvoirs et de droits. En Occident, cette construction s'est largement fondée sur le triptyque Descartes – Hobbes – Kant. Leurs constructions théoriques ont irrigué de nouvelles expressions humaines aussi bien dans les sphères économique, politique qu'anthropologique : la condition d'*Homo economicus*, définie et motivée par l'intérêt ; la citoyenneté, progressivement dégagée de l'allégeance du « sujet » ; le for intérieur, sphère

8. Thomas Hobbes, chapitre 13 (« De la condition du genre humain, à l'état de nature, concernant sa félicité et sa misère »), *Léviathan, ou Matière, forme et puissance de l'État chrétien et civil* (trad. Gérard Mairet), Gallimard, 2000, p. 225.

inviolable créatrice d'une société civile extérieure au pouvoir.

C'est l'aspect anthropologique qui retiendra mon attention. L'individu étant né, il s'agit de rappeler, avant implosion, l'extension et les pouvoirs dont il a cru disposer.

2

L'individu et ses pouvoirs. Descartes, Hobbes, Kant

L'État-nation et la société civile avaient donc émergé du long bras de fer entre la cité terrestre et la cité de Dieu. Au cœur du nouveau dispositif, enthousiaste et constructeur, l'homme y a vécu ses nouvelles promesses sous les traits de l'individu. Ce nouvel *Homo economicus*, *politicus* et *symbolicus* a tenu trois siècles, et nous sommes censés en être aujourd'hui les héritiers. Mais cet individu, qui est-il ? Que fut-il ?

Je ne songerai nullement à me faire ici généalogiste. L'histoire est trop vaste, trop complexe qui, par ses bifurcations, ses plaidoyers explicites ou aveugles, par ses canaux secondaires ou ses modèles dominants, ont créé, à l'acmé des XVIIe et XVIIIe siècles, la figure souveraine de l'individu, une manière d'être homme suffisamment identifiable pour qu'elle nous permette aujourd'hui de nous en réclamer. Mon objectif, resserré, est ici d'aborder à travers trois penseurs : Descartes, Hobbes et Kant, trois préoccupations qui, en parallèle ou en ligne directe de leur œuvre, ont été fondatrices de la figure de l'individu. Trois traits de caractère qui en sont le cœur actif: la conservation, la volonté, et un aspect particulier de sa raison, *l'ingenium*.

Trois penseurs

Descartes, Hobbes et Kant apparaissent chacun en un temps déterminé de l'histoire philosophique. Si leur œuvre s'en voit modelée par un contexte spécifique, mon but, ici, n'est pas de rendre compte de leur agenda philosophique, mais de ce qui, au sein de leur pensée, a contribué à déplacer la compréhension que l'être humain avait de lui-même, pour aboutir à la figure de l'individu. Rousseau, John Locke, David Hume et quantité d'autres manquent à l'appel – l'occasion de redire combien mon propos, loin d'une généalogie exhaustive, est d'aller rapidement au cœur de la notion d'individu.

Descarto ergo sum

Le temps de Descartes est celui où la vision médiévale semble ruinée, sous-calibrée pour un univers désormais trop vaste, où les découvertes scientifiques ou géographiques font éclater l'espace et le temps. La science elle-même semble accréditer l'idée que les sens ne sont plus dignes de confiance pour révéler la vérité. *A contrario* de l'expérience visuelle, la terre, apprend-on, tourne autour du soleil, et le microscope et la lunette astronomique de

Galilée révèlent des mondes contre-intuitifs qui ne sont pas ceux de l'expérience ordinaire. Que dire des questions existentielles classiques ? Elles aussi semblent dénuées de pertinence. Dans un univers qui excède notre mesure, la foi en Dieu est-elle encore un guide ? Le premier souci de Descartes est de parer à la désorientation générale : la recherche d'un point fixe, d'une zone de certitude telle que l'homme puisse se guider dans de nouvelles dignités à venir.

Dès *Les règles pour la direction de l'esprit* (1628), Descartes assigne une tâche nouvelle à la philosophie : connaître l'esprit humain et ses limites[1]. Frappé par l'inutilité des savoirs médiévaux « de papier », il se donne pour objectif d'unifier les connaissances, et de les articuler en une chaîne de raisons et de déductions certaines[2]. S'inspirant des mathématiques, il reprend le concept de « méthode » pour exporter ce qu'il y a de certain dans les mathématiques : ainsi les autres sciences seront-elles rendues homogènes et unifiées par de mêmes opérations intellectuelles. Ce qui frappe ici, c'est que la méthode est en fin de compte une mise en règle de l'esprit par lui-même. L'esprit conduit la recherche, et en même temps il est l'objet recherché. Tel est l'un des traits les plus puissants que Descartes lègue à l'individu : la réflexivité[3].

Évoquons, en second lieu, le *cogito ergo sum*, qui acte un point essentiel pour notre sujet : autant, argumente Descartes, la connaissance scientifique du réel doit

1. Pierre Guenancia, *La voie des idées. De Descartes à Hume*, PUF, 2016, p. 7.

2. Laurence Devillairs, *René Descartes*, PUF, 2013, p. 7.

3. Pierre Guenancia, *La voie des idées*, *op. cit.*, p. 10.

s'acquérir de façon médiate, par la méthode, autant il est impossible de dire que nous n'avions pas l'idée de l'esprit avant de nous intéresser à lui. Dans la deuxième « méditation », il démontre que notre esprit est plus facile à connaître que notre propre corps[4]. La révolution Descartes, ici, est claire: on passe d'une manière d'interroger le monde centrée sur la « nature » des choses, sur la « nature » humaine, à une philosophie où l'importance revient à la subjectivité.

Dernier point: c'est avec Descartes et sa pratique de la « méthode » que se formule avec netteté une vision applicative de la réalité: j'ai des idées, je les applique au réel, et elles sont efficaces. Il inaugure ici une ère de confiance dans le pouvoir de l'esprit, qui répond à son désarroi initial: il y a pouvoir et possibilité de certitude, parce que la conscience humaine est le seul point fixe de l'univers.

Le nouvel Hobbes

Comme Descartes, l'orientation philosophique de Hobbes puise aux calamités dont il est témoin – la guerre civile[5]. Dans ce conflit majeur de l'Angleterre, son diagnostic philosophique est le suivant: c'est le pouvoir de dissociation des opinions qui ruine le prestige de toute

---

4. Descartes, « Méditation seconde. De la nature de l'esprit humain ; et qu'il est plus aisé à connaître que le corps », in *Méditations métaphysiques*, Flammarion, 2009, rééd. 2021, p. 91-108.

5. Cette guerre civile (la « première révolution anglaise »), ouverte par des hostilités entre le roi et le Parlement, se déroule de 1642 à 1651 sous le règne de Charles Ier. Elle a pour conséquence son exécution le 30 janvier 1649.

association humaine. Question induite : si, à l'encontre de la philosophie classique et de la religion, ni la nature ni la grâce n'ont le pouvoir de construire l'unité politique, quelle est la bonne clé ? Réponse de Hobbes : l'art. L'artifice. Pour dépasser le pouvoir dissolvant des opinions, il s'agira pour Hobbes de fonder un « art » politique, une construction intellectuelle plus forte que toute opinion. Hobbes la fondera non sur un idéal, mais sur un constat, le plus réaliste qui soit : l'homme est un loup pour l'homme. L'affect premier, celui sur lequel il s'agit de tout construire, est la peur de mourir.

Je n'entrerai pas ici dans les détails de cette construction qui, par cette œuvre majeure qu'est le *Léviathan*, fonde la pensée politique moderne en Occident. Le premier à imaginer un « état de nature » – celui, précisément, où l'homme est un loup pour l'homme –, Hobbes situe la possibilité d'en sortir dans l'abandon par chacun de ses droits naturels, et par leur transfert total à une instance appelée le Souverain, le fameux « Léviathan ». Il se crée ici un pouvoir à la fois extérieur à la multitude, et qui pourtant est né d'elle – la pensée de la souveraineté en est totalement bouleversée.

Quelles étincelles rejaillissent ici pour notre compréhension de l'individu ? Dans une réflexion préalable à son système, Hobbes distingue entre deux types d'existence des corps, les « corps naturels » et les « corps civils ». L'un résulte de la nature, l'autre est constitué « par la volonté humaine et par les contrats et les actes des hommes[6] ». Sur

6. *De Corpore*, I, I, 9 ; cité par Philippe Crignon, « Introduction », Thomas Hobbes, *De Cive*, Flammarion, 2010, p. 24.

la base de cette différence, Hobbes en vient à la conclusion que nous ne connaissons avec certitude que ce dont nous sommes la cause. La physique, qui traite des objets naturels – que nous n'avons pas créés –, ne donne jamais de certitude; l'étude des « corps civils », en revanche, présente un caractère certain. Nous tenons ici un trait fondamental de l'individu: la raison ne sera plus valorisée selon des fins contemplatives, la *theoria* des classiques, mais comme la faculté *pratique* d'inventer des moyens, et de produire des effets tangibles. La figure de l'individu qui émerge à cette époque aura donc la passion de la résolution de problèmes, et celle de se rendre utile. En s'éloignant à la fois de la prétendue « nature » politique de l'homme, comme le faisaient les Anciens, et de la morale du péché originel, comme l'enseignaient les religieux, la définition du politique comme art consacre chez Hobbes un nouvel usage de l'homme[7]: l'homme sûr de son fait, orienté non plus vers la méditation, mais vers une pratique efficace du monde, constituée de « problèmes à résoudre ».

Kant à soi

On vient de voir Hobbes fabricant d'art politique. Rousseau, à sa suite, sera enclin à y voir le nouveau pouvoir de l'homme: l'homme comme *maker*, comme « faiseur » de sa propre humanité. En se faisant le grand théoricien de l'autonomie humaine, Kant fermera la marche.

---

7. Pierre Manent, *Histoire intellectuelle du libéralisme*, Librairie Arthème Fayard/Pluriel, 2017, p. 61.

Intéressons-nous, là aussi, au problème d'où part Kant. Il hérite à son époque d'un débat insoluble, de nature épistémologique : quelle est la source des connaissances humaines ? Aucune des deux grandes thèses en présence, le rationalisme et l'empirisme, ne l'emporte. Stérilité de l'opposition, impasse ? Inspiré par Newton qui, en physique, cherchait simplement à formuler des lois, et non à prendre position sur la raison des phénomènes, Kant, de même, va modifier la *prétention* philosophique dans son ensemble : ne plus chercher à énoncer des *thèses* sur l'être, mais rendre compte de l'élaboration de *nos* représentations. Inverser le sens de l'ajustement avec le réel, et poser l'homme au centre – Kant nommera cette inversion sa « révolution copernicienne ».

Quant à la question de l'autonomie, elle constitue le fantasme accompli, sans doute, de toute la modernité. Comment justifier, se demande Kant dans le domaine de la morale, la valeur d'obligation de tous les « il faut » ? Les « il faut » religieux, les « il faut » de l'éthique ? Kant, là aussi, inverse la charge de la preuve : la seule valeur légitime pour obtenir une prescription valable ne pourra venir d'une source extérieure, mais uniquement de nous-mêmes. Point de départ du raisonnement : une action ne peut être moralement bonne que si sa motivation est universelle – et ne correspond pas seulement à un intérêt personnel. Agir par devoir : tel est l'unique cadre valable pour définir l'action morale. Deuxième point : afin d'éliminer deux possibilités théoriques, la nécessité naturelle (qui tue la possibilité de la liberté, et donc celle d'un bien volontaire) ou la contrainte sociale (dénuée de toute valeur éthique), il faut fonder le devoir moral sur la liberté. Agir par devoir signifiera donc pour Kant : agir par liberté. La conclusion s'ensuit : l'obéissance à la loi n'est légitime que si elle est posée par sa propre volonté, celle d'une loi que l'on se donne à soi-même – c'est l'« autonomie » kantienne.

Autre point capital dans la compréhension du nouvel individu : par sa renonciation à certaines illusions spéculatives, Kant fonde une position unitaire très forte autour de la conscience humaine. L'homme, chez Kant, ne se laisse pas dépasser, ou alors il théorise le fait que cela ne le concerne pas. Cette puissance totale dans une souveraineté limitée fera aussi partie du narratif de l'individu en gloire.

Trois idées – L'anthropologie des modernes

Après les innovations intellectuelles, voyons maintenant les stabilisations générales. Je m'intéresserai ici à trois d'entre elles : la conservation, la volonté et le goût pratique pour la résolution de problèmes, l'*ingenium*. Je ne prétends pas qu'elles synthétisent à elles seules toute la « surface » humaine propre à l'individu, mais elles m'intéressent parce qu'elles sont aussi les points les plus fragilisés, ainsi que je le montrerai au chapitre 3, par notre nouvel environnement technologique.

La conservation

Elle est au fondement anthropologique de l'homme moderne, sa raison d'être, et le support d'une prétention inouïe. Pour les Anciens, la vie était un fait, le fait de l'existence, offert au destin ou au hasard, sans que nul mortel ose nourrir, devant un revers de fortune, l'extravagante idée d'une révolte, sinon quelque poésie profonde sur l'essentielle mortalité de l'homme, ou l'un de ces *memento mori* ornant le cabinet de l'honnête homme. Arrive le moderne, et l'existence, bien plus qu'un fait, devient un *droit*. Renversement inouï cliniquement décrit par Léo Strauss, qui voit parfaitement Hobbes recadrer tout cela : une fois sauvé de l'« état de nature » par l'établissement d'un vaste *baby-sitting* politique du Souverain sur son peuple, la vie sociale de l'individu n'en devient pas pour autant apaisée. Car la passion fondamentale qui anime l'homme est le désir de pouvoir, désir qui ne cesse qu'à la mort. Outre le hasard, pas toujours bienveillant, c'est l'intensité que les hommes mettent au service de ce désir qui occasionne la diversité des trajectoires humaines. Hobbes introduit ici un thème hypermoderne : l'intensité de l'expérience, au cœur de la vie contemporaine.

Le centre d'équilibre du système, cependant, reste bien la peur de la mort, le droit absolu de conserver sa vie, et la mobilisation du système politique autour de cet objectif. Délaissant les vieilles métaphysiques sur la nature humaine, cette nouvelle orientation mènera à une judiciarisation de la condition humaine, et au système complet des droits de l'homme[8].

---

8. Daniel Tanguay, *Leo Strauss. Une biographie intellectuelle*, Grasset & Fasquelle, 2003, p. 189.

La volonté

Dans le cadre de sa théorie politique, Hobbes illustre aussi la nouvelle alliance qui se noue entre individualisme et volonté : « Puisqu'en effet une société se contracte volontairement, affirme-t-il dans le *De Cive*[9], c'est un objet de la volonté que l'on recherche en toute société, à savoir ce qui paraît bon à chaque participant. Or tout ce qui paraît bon réjouit [...], tout plaisir de l'esprit est gloire (c'est-à-dire une bonne opinion de soi) ou se rapporte finalement à la gloire ; les autres plaisirs [...] peuvent tous être compris sous le terme d'"avantages". En conséquence, toute société se contracte soit pour un avantage, soit pour la gloire, c'est-à-dire non par amour des compagnons, mais de soi. » Hobbes referme ici la boucle de l'autoconservation, *alpha* et *oméga* des sociétés modernes.

La volonté supporte, toutefois, une autre interprétation : son association avec l'idée de spontanéité et de liberté. Descartes l'avait déjà dit : « Il n'y a personne qui, se regardant seulement soi-même, ne ressente et n'expérimente que la volonté et la liberté ne sont qu'une même chose[10]. » Ce qui est intéressant, ici, c'est la manière dont la pensée moderne en vient à se radicaliser. Pour Hobbes, ainsi, comme pour Rousseau, la volonté est avant tout chose de l'individu et, à la différence des idées ou des pouvoirs, elle ne peut être représentée et portée par des

9. Thomas HOBBES, *De Cive*, *op. cit.*, p. 98.

10. René DESCARTES, « Réponses aux troisièmes objections » (réponse à l'« Objection douzième »), in *Méditations métaphysiques. Objections et réponses suivies de quatre lettres*, Flammarion, 2011, p. 316.

corps différents. Chacun en tire des conclusions et des systèmes de pensée différents, mais l'essentiel, l'estocade de radicalité, chez Rousseau, se situe ici : alors que Hobbes pose une souveraineté absolue, extérieure aux individus en la personne du Léviathan, Rousseau, lui, recherche une autre solution que l'absolutisme – qu'il n'aime pas. Ce n'est donc pas dans un système qu'il va loger ses bases, mais dans la nature même de l'homme. *Exit* la volonté, la liberté comme décision, comme choix parmi un éventail d'options possibles, *exit* la liberté comme statut politique de l'homme libre, ou comme foyer de possibilités intérieur : la liberté et la volonté deviennent *la matière même* de l'homme. Inconditionnelle, infinie, on ne comprend les frustrations de l'homme moderne qu'à l'aune de cet absolu, aussi idéal qu'impossible à tenir.

La raison et l'ingenium

Aucune description des pouvoirs de l'individu ne peut éluder la raison. À l'aube de la culture occidentale, les Grecs ont scellé sa puissance autour d'une alliance forte entre le réel et la conscience : la qualité intelligible du *kosmos*, ensemble des phénomènes et des choses qui ont un sens, serait naturellement captée par la conscience à travers le *logos*. Ce couple a longtemps marché main dans la main, de manière innocente et transparente, jusqu'à un point de désenchantement que l'on situe généralement avec la philosophie de Kant. C'est ainsi que Levinas atteste de « l'universalité de la raison théorétique qui s'était tôt levée dans le "Connais-toi toi-même", pour y rebâtir l'univers entier dans la conscience de soi[11] ». La raison pourrait donc figurer à bon droit dans la succincte trilogie de l'homme moderne esquissée ici, mais c'est sur une instance bien particulière de raison que je souhaite mettre l'accent : l'*ingenium*. La passion de l'intelligence pratique, celle de résoudre des problèmes.

Giambattista Vico a donné à ce terme toute son importance. On citera volontiers cette phrase, « l'*ingenium* a été donné aux hommes pour comprendre, c'est-à-dire pour faire », mais il est difficile d'en comprendre l'impact sans l'éclairer par cet autre adage dont il est également l'auteur : « *Verum et factum convertuntur* » – « le vrai et l'effectif ne font qu'un ». Dans ses *Règles pour la direction de l'esprit* (1628), c'est l'esprit tout entier qui est conçu comme *ingenium*, à la fois capacité mais plus encore passion, celle de résoudre des problèmes et de trouver des solutions, d'inventer des *moyens* et de produire des *effets*. Cette perspective, on l'a vu avec Hobbes, suppose d'abandonner la grande vision d'une société orientée par le bien. Dans la vaste machinerie sociétale, où l'essentiel consiste en la sûreté, à garantir le droit de chacun de conserver sa vie[12], la société devient un immense parc d'attractions pour l'*ingenium*, un réservoir infini de problèmes à résoudre. Le monde ne s'offre plus comme mystère, offert à l'humilité, à l'adoration, ou à la piété silencieuse de l'observation – « L'attention, à son plus haut degré, est la même chose que la prière », disait Simone Weil[13]. Le monde se propose

11. Emmanuel Levinas, *De l'Unicité*, Payot & Rivages, 2018, p. 45.

12. Pierre Manent, *Histoire intellectuelle du libéralisme*, *op. cit.*, p. 58 ; 61.

13. Simone Weil, *Œuvres*, Gallimard, coll. « Quarto », 1999, VI-2, p. 297.

désormais à l'incessante application du mental à la réalité. Au décorticage compulsif de tout phénomène en systèmes, en dispositifs efficaces – bonheur des effets produits et du vivre utile.

On perçoit ce que cette puissance recèle de tyrannie possible : la tyrannie de l'esprit dans une perspective de contrôle, avec le risque d'asservir l'homme à sa propre puissance. Plaisir et péché mignon de l'individu, cette poussée à produire sans cesse des effets a quelque chose de frénétique et de pitoyable. Ne se lassant jamais de l'exercer, on surprendra volontiers le genre humain à en provoquer les occasions, voire à les construire sans raison. L'homme moderne et son solutionnisme serait-il, à son insu, enclin à obscurcir le monde ?

3

Hyper-pression. Notre nouvel environnement technologique

Nous devons notre expansion sur la planète, notre conquête de tous les écosystèmes à notre capacité de créer des bulles culturelles, greffées sur la nature, mais suffisamment distinctes pour nous assurer une autonomie quasi complète. Nous y avons tellement prospéré que nous avons cru à la réalité de cette autonomie, pensé que notre lien avec la nature était désormais dispensable. De fait, depuis l'apparition d'*Homo sapiens* il y a 300 000 ans, rien ne nous a poussés à réduire notre consommation. Cette matrice de la puissance humaine, bien ancrée depuis la révolution agricole, est aujourd'hui battue en brèche par deux faits majeurs.

En premier lieu, nous sommes la première génération à être confrontée aux limites de la planète. Nous percevons que la neutralité de la nature vis-à-vis de nos entreprises était un mythe, tout comme la possibilité d'une exploitation infinie. La terre ne peut tout simplement plus suivre les demandes exponentielles que nous lui adressons, incapables de diminuer nos besoins et nos désirs. Dans maints secteurs, la surexploitation continue, alors même qu'elle revient à nous tirer une balle économique dans le pied, et parfois à menacer notre existence.

Le deuxième fait majeur, sujet de ce chapitre, tient en ceci : au sein de nos « bulles culturelles », celles, précisément, que nous avons superposées au monde pour y assurer notre développement volontariste, notre environnement technologique commence à produire des saturations. Il bouleverse notre anthropologie de manière si radicale que la question de savoir si notre humanité même ne serait pas en danger, est devenue légitime.

Précisons, avant de considérer ces dangers, ce que nous plaçons sous l'étiquette de « nouvel environnement technologique » : l'ensemble des réseaux, applications et systèmes permettant d'accéder à des informations et de communiquer par le biais de technologies numériques. De fait, « révolution numérique » est aussi un bon terme pour parler du bouleversement de nos sociétés. En parallèle de gains d'efficacité et de performances inédites, elle se traduit par la mise en réseau directe, planétaire, des individus, au détriment des organisations verticales (États, gouvernements, institutions traditionnelles). Enfin, une part importante du choc massif subi par nos sociétés provient de l'hyper-puissance des nouveaux acteurs du domaine, dont le chiffre d'affaires dépasse le PIB de nombreux pays, et de l'asymétrie créée par les nouveaux types de création de valeurs : les « géants du Web » (GAFAM, BATX, etc.)

usent sans limite de leurs capacités en matière de calculateurs, d'acquisitions et de traitement des données (*big data*) pour aspirer et exploiter une grande partie des flux d'informations issus de notre humanité…

Quels sont les problèmes ?

Tous ceux qui ont quelque chose à gagner à la propagation technologique vous le diront : la technologie n'est ni bonne ni mauvaise, sa valeur ne dépend que de l'usage que l'on en fait. Aimable fable constamment battue en brèche par les faits. Jacques Ellul l'avait déjà souligné avec force : jamais la technologie n'a été uniquement technologique. Toute technologie produit son écosystème, avec ses conséquences dérivées, auxquelles l'homme est systématiquement contraint de s'adapter *au-delà de son intention initiale*. Mais en l'occurrence, il s'agit encore d'autre chose : les nouvelles technologies s'immiscent à tous les niveaux de la société, à l'intérieur des familles, entre amis, dans le commerce et dans la politique, redéfinissant totalement nos rapports sociaux, notre anthropologie personnelle, et nombre d'institutions qui jusqu'alors structuraient notre vie en commun.

Des prouesses et des dangers des nouvelles technologies, il est possible de tout dire, probablement avec quelque vérité. Un jugement pour ou contre est essentiellement affaire de tempérament, et par ailleurs totalement vain. La technologie, de toute façon, est présente, et l'innovation va se poursuivre, selon l'inexorable loi de la créativité humaine : tout ce qui a été pensé existera. Je ne veux donc ni vaticiner, les yeux mi-clos, ni joyeusement ni furieusement m'extasier ou pourfendre telle ou telle évolution. Les cinq dangers que je vais maintenant formuler, en revanche, me semblent d'une part résumer la situation actuelle, mais surtout, au regard de mon propos directeur – la crise spirituelle –, ils m'intéressent en ce qu'ils sont les plus à même de fracasser l'unité de l'individu qui jusqu'alors faisait sa force. Voyons comment.

Les mensonges de Chat Gepetto

Le premier danger est de nature politique : ce sont les démocraties en particulier qui, aujourd'hui, sont les plus fragiles face aux conséquences de la révolution numérique. Les plus optimistes, insistant sur notre maîtrise des processus, rebaptiseront celle-ci « transition numérique », mais qui saurait se contenter des slogans des « ravis de la tech' » ? – ils ne sont le plus souvent que les promoteurs de leur propre *business* dans le secteur, les dents bien plantées dans la galette de leur marché. On se souvient encore de l'hypocrite schizophrénie d'un Sam Altman, promoteur mondial tous azimuts de son ChatGPT, appelant en parallèle à un moratoire mondial du fait des dangers de l'IA – ce même Sam Altman menaçant de refuser ses produits au marché européen si l'Europe ne modifiait pas ses règles éthiques allant à l'encontre de ses intérêts[1]… La leçon à retenir, ici, est que les nouvelles technologies ne sont pas un secteur économique parmi d'autres. Elles sont un

1. Lors d'un déplacement à Londres mercredi 24 mai 2023, le P.-D.G. d'OpenAI avait critiqué l'UE et menacé de rendre son chatbot inaccessible sur le Vieux Continent si la réglementation était trop contraignante.

acteur parfaitement conscient qui se vit lui-même au même niveau que les États. Et qui, en un curieux mélange d'idéologie libertaire et de capitalisme débridé, vise explicitement à supplanter le rôle des institutions qui, jusqu'ici, structuraient les interactions humaines et leur donnaient du sens.

L'obésité informative

Au-delà de ses capacités, le cœur de l'individu résidait dans la puissance intégratrice de sa conscience. Constitutive d'un sentiment d'unité et de domination, cette conscience de l'« honnête homme » était en quelque sorte le barycentre de ses multiples expériences – culture, science, morale, éthique, politique –, elle le constituait en sujet de tous ses objets, et en sujet de personne, de personne d'autre que lui-même. La technologie, aujourd'hui, fait voler cette culture en éclats. Les performances de la machine nous dépassent dans maints domaines, et en matière de *deep learning*, la manière dont elle procède à ses résultats nous demeure opaque, alors même que nous en sommes les concepteurs.

Le fait radicalement nouveau est donc celui-ci : pour la première fois dans l'histoire humaine, la masse d'informations produite par les machines excède la capacité d'absorption de nos cerveaux. Cette obésité informative impacte directement la représentation que nous avons de nous-mêmes en tant qu'individus. Notre conscience en tant que « foyer de puissance » n'est plus possible, et désormais supplantés en rapidité et en productivité, nous sommes prêts à théoriser notre infériorité, au nom de nos biais supposés.

Nous sommes la cible et le produit

La matière, puis l'énergie, aujourd'hui les « données »: chaque époque produit de la valeur à partir d'une denrée considérée comme première. Que signifie, aujourd'hui, le fait que les *datas* soient devenues sources de valeur? En premier lieu, le fait d'être tenues équivalentes à un savoir, et qui même dévalorisent le savoir, et toute posture fondée sur la possession d'un savoir. Quoique terrible, ce constat ne nous précipite pas davantage vers les bibliothèques… Toutefois, c'est sur un autre aspect que la récupération des données que je veux mettre l'accent: qu'est-ce qui nous fait considérer qu'une donnée est intéressante? Quel en est le seuil minimal d'intérêt, de visibilité?

« Si c'est gratuit, c'est toi le produit » proclamait l'un des slogans les plus réussis de l'internet. Nous sommes le produit, c'est entendu. Ce faisant, le périmètre de l'exploitation s'étend aujourd'hui à notre identité et à notre comportement, à partir desquels nous cédons des milliers d'informations. Pourquoi des milliers? Pourquoi autant? Tout simplement parce que la notion même « d'intérêt », de « donnée intéressante » a radicalement changé avec le numérique. Auparavant, les séquences de comportement d'un individu, au « raz » de sa vie courante, n'étaient ni visibles ni intéressantes. La visibilité ne se produisait qu'à certains moments de « pics », lors d'un achat, par exemple. Mais aujourd'hui, c'est l'intégralité de notre navigation, de nos zigzags et de nos tergiversations qui passent sous l'œil des aspirateurs de données numériques, autrement dit, un parcours à la valeur intellectuelle nulle, mais rendu intéressant uniquement parce que la puissance des calculateurs permet d'y déceler des régularités, des *patterns*. Nous voici donc rendus visibles en toutes circonstances, grâce aux *patterns* ! – on concédera que cette entrée en gloire numérique, réduite à son prisme consumériste et à nos compulsions répétitives, en dit long sur l'affaissement de notre dignité…

La bataille de l'attention

Nouvel eldorado de la nouvelle économie, l'« attention » est essentielle à plusieurs titres. Elle fonde, en premier lieu, l'immense champ affectif qui est en train d'affoler nos consciences : la recherche de notoriété. D'autre part, dans le domaine professionnel, à l'heure d'une demande de connectivité incessante, elle devient la nouvelle forme de performance exigée de l'homme en ce début de XXIe siècle[2].

Cette nouvelle injonction de l'« attention » a pour elle une immense arrière-cour théorique. Elle plonge ses racines dans la pensée behavioriste d'un B. F. Skinner, s'appliquant à transformer ses applications en outils aussi addictifs qu'une machine à sous de casino. Ou dans l'utilisation de la « théorie de l'expérience optimale » de M. Csikszentmihalyi qui, préconisant une technologie ni trop facile ni trop compliquée, prédisait que les gens sont le plus heureux lorsqu'ils vivent un état de « flux » (*flow*), lorsqu'ils sont entièrement immergés dans une activité.

2. *Cf. Sciences humaines* n° 298, décembre 2017 [« Psychologie de l'attention. Comment lutter contre la dispersion ? »].

On retiendra aussi l'objectif explicite d'un Sean Parker, ex-président de Facebook, visant à « exploiter la vulnérabilité de la psychologie humaine » par la mise en place de systèmes addictifs[3].

Outre la violence d'un système où l'attention soutenue, permanente, est la meilleure recette pour produire du *burn out*, l'économie de l'attention se caractérise par un puissant malentendu, né d'une illusion libérale: « Pour celle-ci, une société peut s'auto-instituer en agrégeant des individus isolés, sans médiation, sans rites de passage, sans corps intermédiaires, pourvu qu'on leur donne les moyens de "communiquer"[4]. » Cette illusion quant à la toute-puissance de la communication produit, en retour, une boulimie d'exposition de soi-même – dont la valeur, bien évidemment, diminue au gré de la surexposition... En peu de mots, l'ironie d'une telle illusion se résume ainsi: alors que les promesses de gain sont toujours formulées dans un vocabulaire individuel, pour mieux masser le cuir narcissique de chacun, le collectivisme forcené du fantasme en réduit totalement la portée: satanée puissance du collectif!

Narcisse en son miroir

Dans son livre *La crise de l'abondance*, François-Xavier Oliveau a calculé qu'en 1841, un homme travaillait 70 %

---

3. Albin Leroy-Giraud, « L'Emprise des écrans », *Sciences Humaines* spécial n° 300 : « Comment va le monde ? », p. 60-61.

4. Daniel Cohen, *Homo numericus ; la civilisation « qui vient »*, Albin Michel, 2022, p. 131.

de sa vie éveillée, le travail pouvant occuper 17 heures consécutives dans une même journée. Que faisons-nous des centaines d'heures de loisir que la législation et l'évolution des mœurs nous ont fait gagner ? Les faisons-nous fructifier à la lumière de la *skholè*, le temps passé à prendre soin de son âme ? Un simple coup d'œil autour de nous dans le métro suffit à répondre à la question. Là où, dans une rame lambda des années 1980, figuraient une bonne douzaine de personnes concentrées à lire polars, romans à l'eau de rose, journaux, dernier roman de John Updike ou autres étudiants bossant leur dernier cours de droit, c'est aujourd'hui une forêt de *smartphones* et de tapotements frénétiques de pouces qui tient le haut du pavé. Si, par malheur, nous nous risquons à lorgner furtivement sur les écrans avoisinants, c'est alors un vertige de chats maladroits, d'exploits débiles à mobylettes, de scènes d'agression ou de cocasseries affligeantes qui nous sautent à la figure. À l'heure de pointe comme à l'heure creuse, le décervelage est en route. Au diable la *skholè* donc, nous avons sauté à pieds joints dans le divertissement pascalien, dans l'oubli forcené de nous-mêmes, un puits sans fond dont l'écran est la margelle.

Nous retrouvons ici la notoriété, l'un des meilleurs vecteurs de l'économie de l'attention. Lorsque dans les années 1980, les premières émissions de téléréalité avaient fait découvrir au public français, abasourdi, les ébats d'une blonde à forte poitrine dans une piscine, un premier verrou avait sauté : il était donc possible de devenir célèbre, à tout le moins populaire, en n'ayant strictement rien fait de remarquable… L'exploit, ou simplement l'action digne d'intérêt ? Atavisme de boomer néanderthalien, encore intoxiqué à l'idée d'une nécessaire qualité du contenu ! Désormais, l'humeur au quotidien, l'effrayante vulgarité du bipède au réveil ou les saillies d'un blond jovial maltraitant le français à chaque phrase sont devenues les critères les plus plausibles, puisqu'il s'agit désormais, non d'informer sur les faits du monde, mais de flatter un public qui vient chercher miroir.

Tant de vanité engendre des pathologies que l'on ne souhaiterait même pas à son pire ennemi. Le « syndrome d'anxiété », dit aussi *FOMO* (*Fear of Missing Out*, « peur de manquer »), évoque la culpabilité de manquer les sujets d'intérêts qui ont marqué nos proches. Et que dire de la « schizophrénie de profil » ? Elle naîtrait des contradictions entre les informations que l'on partage en ligne *via* les multiples comptes et profils que l'on administre. Méfions-nous, enfin, de la « monophobie *on line* », peur morbide de la solitude sur les réseaux sociaux du fait d'un faible volume de réponses à nos publications – désespoir il est vrai battu par l'« athazagoraphobie », la peur, tout simplement, d'être *ignoré* sur les réseaux sociaux. À quoi sert d'ironiser ? Comme pour l'économie de l'attention, un peu de recul nous montre combien nos contradictions sont devenues sources de profit pour les acteurs des réseaux sociaux, et l'utilité pour la société, inversement proportionnelle : plus la notoriété devient un bien de consommation massif, moins elle nourrit de sens à nos propres yeux.

4

La désintégration de l'individu. Hubris mentale et déconviction

Face à la pression des nouvelles technologies, face à l'obésité informative, le modèle de l'individu est en train de se désintégrer.

Que l'individu soit en train de muter, nombre d'auteurs avaient commencé à le dire dès la deuxième moitié du siècle. Jean-François Lyotard, Jean Baudrillard, Edgard Morin ont diagnostiqué, chacun à leur manière, une fin des « Temps modernes » initiés vers le XVIIe siècle. Michel Maffesoli a aussi évoqué un homme relativisant sa raison pour laisser enfin place à ses sentiments et à ses émotions[1]. Les horizons envisagés étaient ceux d'un homme-flux, plutôt joyeux, multipliant les allégeances et les récits sur lui-même. Rien de tout cela ne s'est produit.

1. Michel MAFFESOLI (entretien), « Un homme entre deux ères », Michel MAFFESOLI & Brice PERRIER, *L'Homme postmoderne*, François Bourin Éditeur, 2012, p. 151.

La crise de la Covid, le dérèglement climatique et la guerre en Europe sont venus rappeler notre vulnérabilité. L'anxiété a succédé au sens de la fête, le politiquement correct bride la créativité à tous les étages, et le principe de précaution se charge d'amollir tous les instincts, les gestes purs, ce pouvoir des inaugurations célébré par Hannah Arendt, où chaque homme constitue un nouveau départ. Ce que l'on observe chez nos contemporains n'a rien d'un festival des souplesses identitaires, c'est une pure dissociation, une désintégration.

Notre schizophrénie actuelle tient en ceci : d'une part nous intensifions une posture ancienne, sainte trinité de l'homme moderne : projection mentale, processus, résultats. De cette exploitation du réel fondée sur la projection de nos idéalités, nous ne voulons rien lâcher.

D'un autre côté, nous lâchons tout ! Petits soldats des nouvelles technologies, et alors même que la machine n'offre qu'une simulation de nos capacités, nous capitulons devant leurs performances. Face à leur insondable stupidité, mais imbattable rapidité, nous nous inclinons. Oubliant qu'à aucun moment la machine ne pense, nous dissertons pourtant sur sa possible intelligence « réelle », pour finir par théoriser notre propre défaite. Contrairement à l'*hubris* mentale, cette face B de notre clivage signe une nouvelle attitude. La fin d'une culture où l'individu adhérait à ses propres idées et ses propres valeurs : je la nommerai « déconviction ».

Hubris mentale

Face à la pression technologique, la première face de notre schizophrénie tactique consiste à surjouer la vieille partition de Descartes : dominer la nature par le biais des idées, survaloriser en toutes situations la posture mentale. Étrangement, cela signifie également restreindre notre éventail de compréhension. Face à la machine, et prétendument pour coller au plus près de ce qu'elle aurait à nous offrir, nous nous astreignons à une étroite bande passante, purement intellectuelle et calculatrice, de notre humanité. Nous devenons des technocrates de nous-mêmes et, loin d'assouplir notre finesse et notre écoute du monde, notre excès d'activisme ne fait qu'aggraver nos problèmes. Ce paradoxe est au fondement de la crise spirituelle. Le « solutionnisme » et la langue de bois en sont deux des figures les plus répandues.

Le monde comme « solutions »

Entreprises, gouvernements et sociétés vivent désormais sous la perfusion permanente du mantra de la *solution*. Le mot « solution » est d'ailleurs devenu dans le monde de l'entreprise synonyme de « produit », où il côtoie les *mappings*, « boîtes à outils » et autres *process*, figures courantes de l'obsession du contrôle. Il n'est probablement plus de portion de réel qui ne soit ratissée par ce vocabulaire, climat, transports, santé, travail, gouvernance, énergie, pour y décliner la panoplie pavlovienne de l'identification du problème, de l'analyse et de la stratégie d'action. Quand nous regardons autour de nous, cependant, un vertige nous prend : tant d'intelligence, de temps de cerveau dispensé pour un monde de plus en plus confus, violent, chaotique. Quelque chose s'est perdu en chemin…

Le problème, c'est que le réel ne fonctionne absolument pas comme le suggèrent les cabinets de conseil. « Idée – volonté – action », cette séquence-miracle méconnaît tout simplement la profonde maxime de Snepscheut : « *In theory, there is no difference between theory and practice. But, in practice, there is*[2]. » On se gardera de tenir cette lapalissade pour une blague. Elle recèle bien plutôt quelque chose de la subversion des dessins à la Escher, tant son apparente platitude exige, pour surmonter le paradoxe, de lâcher la compréhension intellectuelle et de se convertir à un autre regard. Pour comprendre ce que tout activiste du mental ignore : « agir » n'a rien à voir avec « appliquer une idée d'action au réel »...

Autre aspect de l'obsession mentale, le contrôle et la surveillance ne cessent d'étendre leur emprise sur les rapports productifs. Des caméras aux caisses enregistreuses, des pointeuses aux rapports automatiques générés par les outils utilisés par les employés eux-mêmes, le contrôle a toujours été central dans la gestion des entreprises. Mais quelle productivité ces machines mesurent-elles ? Prenons pour seul exemple un logiciel, *DeskTime*, qui permet de surveiller l'activité des employés à leur écran, en fonction des applications qu'ils ouvrent et utilisent[3]. Pour surveiller chaque employé, le manager qui utilise *DeskTime* doit auparavant déterminer si telle application est productive,

2. « En théorie, il n'y a pas de différence entre la théorie et la pratique. Mais en pratique, il y en a une » (Jan L. A. Van De Snepscheut, *What computing is all about*, Springer, 1993).

3. Hubert Guillaud, « La surveillance n'améliore pas la productivité », *Le Monde*, 7 juin 2014.

non productive ou neutre… En pratique, cela revient par exemple à analyser le temps de travail d'un graphiste en calculant son temps passé sur Photoshop, à qualifier son usage d'internet comme neutre, ou son écoute de musique comme improductive. Question: une telle mesure de la performance est-elle autre chose que le reflet des idées préconçues du manager? Sous l'apparente précision de la technologie affleure en fait l'immense domaine des biais qui, en amont même du fatras des données finales, fausse toute l'entreprise même du contrôle.

L'accent mis sur la performance semble même, parfois, avoir pour unique fonction de tuer toute réflexion sur le sens de ce que nous faisons. Ainsi de ce compte rendu dithyrambique d'un logiciel judiciaire, qui s'extasie sur la naissance d'un nouveau domaine: « L'informatique affective »! « Ces systèmes, dit le rapport, examinent un visage pour savoir si la personne est heureuse, perdue, surprise, ravie… Ils sont souvent plus précis que nous quand ils interprètent nos émotions… » Et, cerise sur le gâteau, « il existe un logiciel permettant de repérer les gens qui mentent au tribunal avec une exactitude proche de 90 % – alors que les êtres humains y arrivent à 54 %, soit à peine mieux que si vous vous prononciez au hasard[4] »…

Les producteurs de tels énoncés se rendent-ils compte de l'ineptie de leur anthropologie à deux sous, où l'homme se voit réduit à un simple éventail d'expressions – perdu,

4. « Les robots remplaceront-ils bientôt les cols blancs ? », bonnes feuilles de Daniel Susskind, *Un monde sans travail. Comment les nouvelles technologies et l'intelligence artificielle reconfigurent le marché du travail*, trad. Céline Alexandre, Flammarion, 2023, in *Le Figaro*, 18 janvier 2023, p. 18.

ravi, surpris, heureux ? « Être heureux » aurait-il sa mimique propre ? Un ashkénaze sera-t-il détecté ? Quand l'enthousiasme tue la réflexion, c'est la bêtise qui devient enthousiaste…

Vive la langue de bois !

L'inconsistance se voit aussi largement représentée dans la communication politique, en particulier dans le domaine sociétal, où les seuils du politiquement correct et du verbiage sont allégrement franchis tous les jours. L'une des routines les mieux rodées de nos « sociétés ouvertes » consiste à ouvrir un débat sur n'importe quel sujet, une boîte de Pandore dont on prétend maîtriser la clôture à volonté. Fin de vie, lois de repentance, déboulonnage de statues ou, même, rapports sexuels avec la nature : bien entendu, aucune clôture n'intervient jamais. Il suffit, une fois que tout a été dit, de morigéner les excès, avant de lancer l'ultime opération technocratique : organiser un débat pour légiférer sur les excès. Le décalage permanent, remarque J.-P. Le Goff, entre cet « activisme managérial et communicationnel, qui donne l'image d'une mobilisation permanente, et l'état de désarroi existant dans la société[5] », fait écho à ce fulgurant aphorisme d'Alphonse Allais : « Une fois qu'on a passé les bornes, il n'y a plus de limites. »

Mais rien ne sert de théoriser, il faut sourire à point ! J'aimerais, à ce stade, me contenter d'énoncer quelques

---

5. Jean-Pierre Le Goff, « L'inquiétante fuite en avant managériale et sociétale d'Emmanuel Macron », *Le Figaro*, 26 septembre 2022, p. 22.

fleurons de langue technocratique dont nous fûmes les destinataires. Cette séquence est censée avoir une teneur comique, mais rien n'empêche de la considérer comme l'affligeante démonstration de notre infantilisation quotidienne. Structurons, pour l'occasion, un semblant de catégories :

– Le tête-à-queue énonciatif: « Je n'utilise pas l'expression “grand remplacement”, mais je reconnais la juste réalité qu'elle décrit[6]. »

– La condescendance louangeuse: « Il ne faut pas le sous-estimer », pontifie Gilles Legendre en parlant de l'ancien premier ministre Jean Castex: « Il nous permettrait de récupérer des votes populaires en cochant des cases qui nous manquent: simplicité, humanité, ancrage dans les territoires[7]... » Résoudre les problèmes de la France? Vous n'y pensez pas ! « Cocher des cases », telle est l'unique ambition intellectuelle au pays des « EDL » (éléments de langage) et de la novlangue. L'article en conclut doctement : « Autant de qualités perçues en interne comme nécessaires, pour espérer combler les angles morts du macronisme. » Dans quel monde vivons-nous ? Dans un monde où la vie consiste à boucher des angles morts.

– Le génie autoréalisateur : « Nous seuls pouvons dire une parole performative[8]. »

---

6. Jordan BARDELLA, entretien à *Valeurs actuelles*, 14 octobre 2022, cité par *Le Parisien*, 18 octobre 2022, p. 4.

7. Loris BOICHOT, Tristan QUINAULT-MAUPOIL, « Castex, une nouvelle vie et des ambitions », *Le Figaro*, 1er mars 2023, p. 4.

8. Entourage d'Emmanuel Macron. Cité par Mathilde SIRAUD, « Au pied du mur », *Le Point* n° 2657, 6 juillet 2023, [p. 42-46], p. 46.

– La métaphore lourdement filée : « Rester maître des horloges… Ça se joue plus à l'Assemblée désormais mais c'est toujours lui [E. Macron] qui choisit la taille du terrain de jeu et du ballon[9]. »

On passera sur les « remettre de la confiance dans le débat[10] » et autres « il faut apporter de la visibilité[11] ». Sur les « moderniser le dialogue avec la société[12] », afin d'inventer une « nouvelle manière de débattre » – dont le secret nous est tout de même livré : « engager un dialogue constructif[13] » ! Et bien sûr, « sans filtre[14] ».

Mes deux préférés, toutefois, demeurent : « Il faut traiter les classes moyennes[15] » – on espère simplement qu'il ne s'agit pas de les « traiter » de tous les noms… Et enfin, l'ineffable et audacieux *summum* de l'art politique : « [Il faut] ne pas donner le sentiment d'être immobile[16]. »

De cet engagement politique de haut vol, on se demande, bien sûr, s'il a encore un rapport avec la nation, le bien commun, et un minimum de générosité envers nos contemporains. La vérité est sans doute que pour

9. Un conseiller de l'Élysée, citation du *Figaro*, 8 septembre 2022.

10. Emmanuel Macron dans une vidéo diffusée mercredi 7 septembre 2022 devant le congrès de la mutualité française, avant de lancer le CNR (Conseil national de la Reconstruction).

11. Sur la réforme de l'assurance chômage, cf. *Le Parisien*, 15 septembre 2022.

12. Élisabeth Borne, le soir du premier tour des législatives.

13. Emmanuel Macron, congrès de la mutualité française, *Le Figaro*, 8 septembre 2022.

14. Selon une source de l'Élysée, *Le Figaro*, 8 septembre 2022.

15. Gabriel Attal, avant le discours de Macron au 13 heures de TF1 et France 2 le mercredi 22 mars 2023.

16. Alexis Kohler, aux cadres de la majorité, lundi 12 septembre 2022.

ces Trissotin de la projection mentale, du vœu pieux et de la formule creuse, la coupe réglée de la réalité en tableaux Excel est probablement un idéal de gouvernance. On s'interrogera : de savantes analyses sont-elles encore nécessaires pour expliquer la désaffection de la nation envers le politique ?

La déconviction

L'information nous éclairait, aujourd'hui elle nous terrasse. Les incendies en Australie, les inondations en Allemagne, le massacre des Ouighours, la guerre au Mali, l'invasion de l'Ukraine par la Russie, les 300 000 morts de la guerre au Yémen, les massacres du Hamas dans les kibboutz au sud d'Israël… : le concassage permanent des images nous piège dans une bulle hallucinatoire qui nous dépouille de toute vocation à l'action. Cicéron en avait déjà vu la charge létale : « Si nous sommes contraints, à chaque heure, de regarder ou d'écouter d'horribles événements, ce flux constant d'impressions affreuses privera même le plus délicat d'entre nous de tout respect pour l'humanité[17]. »

Cette litanie des catastrophes, à chaque journal télévisé, est dévastatrice pour nous-mêmes : que puis-je y faire ? Rien. C'est ainsi que la sidération et l'impuissance deviennent la norme de notre rapport au monde. Nos ancêtres, fait remarquer Giuliano da Empoli, vivaient dans des sociétés beaucoup plus pauvres en information, mais ils pouvaient faire des plans à long terme. Quant à nous,

17. Cicéron. Cité par Paul WATZLAWICK, *Comment réussir à échouer. Trouver l'ultrasolution*, Seuil, 1988, p. 71-72.

nous n'avons aucune idée du monde dans lequel nous nous réveillerons demain matin[18]. Face à l'obésité informative, la deuxième face de notre schizophrénie tactique prend ainsi la forme de ce que je nomme la « déconviction ». Théoriser en permanence nos soi-disant « biais cognitifs » ; se laisser aller à la GPS-isation de nos existences : telles sont deux formes de la défiance envers nos capacités que je veux maintenant examiner.

Nous sommes biaisés sur nos biais cognitifs

La pensée technique a souvent la vue courte : jamais elle ne se demande, par exemple, si ce que nous appelons nos « biais cognitifs », censés conclure à notre infériorité par rapport à la machine, ne seraient pas justement un avantage compétitif.

L'un des meilleurs exemples de ce comparatisme biaisé, sans cesse brandi par les chantres de l'extase technologique, est la fameuse expérience de Benjamin Libet. Cette expérience neuropsychologique, rappelons-le, montre que lors d'une action dite « volontaire », le signal neuronal est en fait envoyé aux muscles avant même que l'on en ait conscience. Dans la plupart des interprétations, ce retard de la conscience est considéré comme la preuve ultime que l'homme se leurre sur sa liberté. Il en va ainsi pour toutes les présentations de nos « biais » cognitifs, où une forme de naïveté philosophique se contente toujours

18. Giuliano da Empoli, « On peut parler de "décivilisation" numérique », *Le Point* n° 2654, 15 juin 2023, p. 68.

d'un résultat spectaculaire comme d'une preuve finale. On posera toutefois la question supplémentaire : même si nos actes sont déterminés par des facteurs de toute nature, n'est-ce pas précisément le génie de l'homme de pouvoir raconter l'histoire autrement ? De justifier *a posteriori* une chose qu'il n'a pas *a priori* maîtrisée, ni même voulue ? Un adage talmudique le dit excellement : Dieu a créé l'homme, parce qu'il raconte des histoires ! La « justification », ainsi, la capacité à décider *après coup* ce que l'on a décidé, est sans doute l'une des dispositions les plus puissantes de l'homme. Les « preuves par Libet », ainsi, sont tout simplement précipitées, comme l'est tout résultat non interrogé, et que l'on s'obstine à prendre pour une idée. Obsédées par la mesure technique, de telles études en oublient d'imaginer que la supériorité humaine pourrait précisément se situer dans la capacité d'avoir non une conscience précise des choses, mais une *conscience vague*, suffisante pour l'inciter à l'action. N'est-ce point là une version savoureuse, mais sérieuse du « coup » de ce maître zen, qui tirait d'abord ses fléchettes, et ensuite dessinait les cibles autour ? L'avantage compétitif n'est pas toujours celui que l'on croit…

Il en va de même des fantasmes qui entourent l'ordinateur. « C'est fou, affirme le psychanalyste Gérard Miller, ce que les gens ont besoin de penser que quelqu'un sait. » On peut sans effort paraphraser l'adage en l'appliquant à l'intelligence artificielle : « C'est fou ce que les gens ont besoin de penser que l'ordinateur pense. »

Toute époque met en scène ses puissances, dont l'envers recèle sa forme d'idolâtrie privilégiée. Aujourd'hui, la forme spécifique de l'idolâtrie se situe dans le domaine des

« interactions hommes – machines ». En quoi consiste-t-elle ? Tout simplement à oublier que la machine simule…

Tout le monde aura oublié, pour commencer, que la simulation, et pas davantage, avait été posée comme l'unique but de l'intelligence artificielle lors de la conférence de Dartmouth à l'été 1956, acte de naissance du domaine de recherche. On se sent presque gêné de rappeler l'évidence : toute impression psychologique que nous retirons de notre face-à-face avec l'ordinateur, rendu plaisant par l'ingéniosité humaine, n'est en rien le résultat d'une interaction avec une conscience, mais le simple effet d'interfaces habilement construites par l'homme. « Une IA n'a pas de volonté, pas de but, pas d'intention, pas de capacité à raconter une histoire. L'*ego*, la volonté, les histoires, c'est nous », rappelle David Holz[19].

Rien de plus ambigu, ainsi, que la notion de simulation. Plus la machine est sophistiquée en confort d'utilisation, plus ce talent d'ingénierie accrédite l'idée que la machine « pense » réellement. Plus étonnant : nous réglons désormais sur elle l'appréciation de nos propres talents (biais, valeurs, performance), en omettant tous les domaines de l'intelligence qui ne sont en rien abordés par les ordinateurs – le choix des règles à appliquer en fonction du contexte, pour commencer. Le « syndrome de Miller », toutefois, se porte bien : nous finissons tout de même par théoriser notre infériorité, pour mieux nous faire régresser dans la confortable position de l'« utilisateur ».

---

19. Fondateur en 2008 de la start-up Leap Motion et créateur d'un générateur d'images ultra-réaliste, IA Midjourney. Cf. Vincent Jolly, « David Holz, le singulier père de la "machine à fake" », *Le Figaro*, jeudi 24 août 2023, p. 28.

La GPS-isation de l'existence

Le GPS est cet instrument merveilleux qui n'hésitera jamais, dès lors que la possibilité logique existe, à vous faire emprunter douze ruelles improbables, « en escalier », pour tracer, imperturbable au réel, son optimum géométrique sur la carte. Le cœur battant du GPS, toutefois, n'est pas tant cette performance que la petite flèche et le ruban – bleu, dans ma voiture – qui représentent votre chemin en train de se dérouler au fur et à mesure de votre déplacement. Version 3.0 des trois Moires, déesses grecques du destin, ce petit ruban voluptueux dévide le fil de notre humaine destinée, bouée de sauvetage ou au besoin, tapette à mouches qui, en cas de sortie hors du saint Graal de la logique, nous rabat imperturbablement sur le droit chemin. Sans avoir, un seul instant, à regarder le paysage, il vous impose la promesse de vous amener à bon port : telle est la performance et, il faut bien l'avouer, le plaisir du GPS. Usage militaire tôt reconverti en star autoroutière des années 1980, il offre une parfaite métaphore de la civilisation sans effort dont les technologies font leur argument principal.

Parfaite métaphore, il l'est aussi parce qu'il confirme cette analyse de Shoshana Zuboff : « Nous apprenons à sacrifier notre liberté au savoir collectif imposé par d'autres, pour le bien de leurs résultats garantis[20]. » Qu'il s'agisse d'itinéraire routier ou existentiel, le GPS nous garantit l'impossibilité de l'erreur et de ses conséquences, bref, la possibilité de découvrir des territoires inconnus. Il

20. Shoshana ZUBOFF, *L'âge du capitalisme de surveillance*, Zulma Essais, 2019.

garantit, surtout, l'absence de contact avec cet encombrant réel. C'est ici le *requiem* de la carte routière, qui exigeait de nous deux choses, situées au cœur de notre humanité : faire l'effort d'imaginer notre corps dans l'espace, pour s'engager (« je prends ce chemin ») ; et tout autant, situer constamment nos micro-choix par rapport à un territoire global, plus large que notre seule trajectoire. Autrement dit, la carte avait cette vertu de nous placer constamment au contact d'autres mondes, et de nos altérités possibles. La GPS-isation de nos vies accomplit le contraire. Nos petits objectifs transitoires reçoivent l'assurance d'être cochés, sans aspérités, pour une vie où le sens n'a plus à être mobilisé, choisi, risqué, pour progresser. Sans « transport » de l'âme, le GPS nous conduit et nous transporte, hors sol, hors de nos vies. « Vous êtes bien arrivés, supprimez la destination. »

Peut-être ne faut-il pas penser ces deux pôles, « hubris mentale » et « déconviction », comme si contradictoires. Face à la pression numérique, l'homme n'aurait tout simplement rien trouvé de mieux que d'y opposer une surface clivée, une forme de schizophrénie tactique. Il est bien évident, toutefois, que celle-ci absorbe de nous une énergie considérable. Nous vivons à la fois dans des sociétés survitaminées à l'activité et au narcissisme, et en même temps dans une société de fatigue, où seuls les plus infatigables du silo continuent de pédaler…

L'amplitude de cette schizophrénie, qui a certes toujours existé chez l'homme, ne cesse cependant de grandir. Et notre capacité à en supporter la tension, de degré en degré, un peu comme au seuil fatal de la cuisson du homard, n'est plus tenable. Les *burn out*, *breakdowns*, *opt-out* ou *quiet quitting* se sont entre-temps immiscés dans les sphères les moins paresseuses de la société, et néanmoins, l'arrogance de nos oracles technologiques, qui pontifient à la fois sur notre puissance et sur notre impuissance, tient le haut du pavé médiatique. Leur rouleau compresseur, aplatissant nos contradictions, nous laisse un peu plus « lessivés » par l'absence de sens : oui, ce que nous vivons est une crise spirituelle.

Deuxième partie

La crise spirituelle

Entre *hubris* et sous-estimation de soi, entre arrogance cognitive et défaitisme, l'homme, jamais complètement serein quant à la nature de son humanité, a toujours oscillé sur un éventail de possibilités allant de l'animal aux dieux. La pression de notre environnement technologique donne aujourd'hui un tour radical à cette quête incertaine. De simple vague à l'âme, nous sommes aujourd'hui passés à une authentique schizophrénie, dont l'amplitude, désormais, n'est plus soutenable.

Mon diagnostic, jusqu'ici, a utilisé un vocabulaire de description courant ; j'aimerais dans cette deuxième partie reformuler les choses dans une perspective spirituelle. En quoi les pressions actuelles ont-elles un impact sur notre intériorité ? En quoi nous font-elles manquer quelque chose de précieux, d'essentiel pour notre humanité ? En quoi justifient-elles de diagnostiquer une crise spirituelle ?

Cette perspective appelle à mon sens un mouvement à quatre temps. Je commence par poser les prémices d'une « anthropologie spirituelle » : voir comment notre condition humaine nous détermine, que nous le voulions ou non, à être des êtres spirituels. Dans un deuxième temps, et alors que tout nous appelle, en théorie, à mettre cette spiritualité en œuvre, nous verrons comment nous en multiplions, en pratique, les freins. Parti à dessein de la manière dont l'homme fonctionne, c'est seulement alors que j'aborde ce que j'entends par « spiritualité » : en quoi elle représente un essentiel ; comment, en nous faisant entrer en nous-même, elle nous élève vers un mieux que nous-même. J'en viendrai, enfin, à formuler les termes de la « crise spirituelle de notre temps ».

5

Éléments d'anthropologie spirituelle

J'ai présenté notre actuelle bipolarité – *hubris* mentale et déconviction – comme une réponse à la pression technologique, mais l'adaptation n'est pas le fin mot, ni le seul mot de l'histoire humaine. Celle-ci est également animée par des « basses continues », des constantes anthropologiques et spirituelles : ce sont ces fondamentaux que j'aimerais énoncer ici.

La sociologie, science emblématique du XIXe siècle, s'est employée à décrire l'homme en le coupant de tout ce qui était important pour lui en termes spirituels et religieux, pour mieux le réduire à ses déterminismes sociaux. Puissante vision, en effet, que l'homme mécaniquement ballotté et contre-ballotté par le mouvement brownien de la société, et dont les allégeances terrestres ne doivent rien aux vérités du ciel. Une anthropologie spirituelle, on s'en doute, s'intéressera précisément à tous les angles morts délaissés par la sociologie. Elle adoptera pour vision première non le fonctionnement du petit atome déjà lancé en société, mais le fait que nous venons de quelque part, quel qu'en soit le nom – et que nous sommes l'expression d'un désir. Soyons assurés que le hors-piste, au sens « scientifique », est ici total! Mais c'est bien de l'« homme sourcé », voire de l'« homme créé », dont parlera l'anthropologie spirituelle. Quatre moments, quatre dynamiques en constituent le « carré existentiel ».

Recevoir l'être

Le fait premier de notre existence présente un double caractère: d'une part nous recevons l'être, et d'autre part nous sommes coupés, par cette réception même, de notre source – le vocabulaire religieux dira: « coupés de notre Créateur ».

Nous recevons l'être et la vie, et notre volonté n'y joue aucun rôle. Notre seul accès à ce mystère est de le *reconnaître* – si nous le souhaitons. Le deuxième aspect de notre « situation » existentielle est la coupure, la déliaison, l'altérité. Nous recevons l'être, mais nous sommes coupés de notre source. Cette coupure n'est pas un fait annexe; elle est l'exacte contrepartie de ce que nous *recevons* notre être, et elle définit notre autonomie. Avant même d'être confrontés au monde et d'y vivre des expériences, nous sommes donc des êtres « déliés » de notre source. L'histoire de cette déliaison est décrite dans la Bible, dans le récit du jardin d'Éden. Alors même qu'Adam, « planté » dans le jardin aux côtés de quelques arbres majeurs (l'arbre de Vie, l'arbre de la connaissance du bien et du mal), tient davantage de l'ectoplasme sous perfusion divine que de la créature autonome, le voici qui ressort, après une série d'épisodes décisifs (nommer les animaux, le serpent, la séparation homme/femme), avec une « peau ». Autrement dit, comme un être séparé de son Créateur, autonome, destiné à l'effort et au travail. Et désormais en prise avec deux altérités permanentes : celle de l'autre sexe, et celle du monde auquel il n'est plus « collé », dont il est distinct.

Notre *situation* existentielle est ainsi définie par le fait que, coupés de notre source, nous nous trouvons constamment face à l'altérité. Toutes nos « situations », celles où nous nous trouvons – ou plutôt, où nous nous plaçons – consistent à gérer cette altérité.

Nous sommes voués au développement

Coupés de notre source, nous disposons d'une dynamique propre. Animés d'une énergie qui nous pousse à persévérer dans l'être reçu, et que Spinoza nommera *conatus*, nous avons vocation à nous développer. Déliaison et *conatus* sont pour la spiritualité, en particulier pour la tradition juive, les deux faces d'une même pièce. Dieu, après six jours de création, se retire du monde pour y laisser une place à l'histoire humaine (c'est ce que signifie le mot *Shabbat* : « cessation » – cessation de l'œuvre créatrice). Par ce « fait divin », qui paradoxalement fait du monde le lieu de l'absence de Dieu, l'homme ne bénéficie du statut de créature libre et autonome que par sa coupure avec son Créateur.

Cette poussée à la persévérance est de nature biologique, mais possède également une dimension morale. Dans le langage médiéval du Maharal de Prague[1], qui en fait le cœur de sa compréhension spirituelle de l'homme, nous dirions que nous sommes voués à passer *du potentiel à l'acte*. La teneur morale de cette dynamique tient à ce que cette orientation tend vers l'unification de nos forces, si aisément dispersées dans notre expérience antagoniste du monde – c'est cette tension vers l'unité qui en fait un thème éminemment spirituel.

Un mot, ici, de tout un courant scientifique, celui d'Antonio Damasio par exemple, qui pense *a contrario* que le vivant serait orienté par un idéal de constance : la recherche de l'homéostasie, échapper à l'inconfort, chercher la tranquillité[2]. La spiritualité du Maharal et celle de la tradition en général inclinent bien davantage à une pensée dynamique. Elle pourrait trouver support dans le fait que le développement du système nerveux est une invention tardive de la nature, il y a 500 millions d'années, alors qu'il ne semblait nullement nécessaire dans l'histoire de l'évolution. Si la seule loi avait été celle de la constance, jamais le vivant n'aurait dû dépasser le stade végétal, seule forme de vie à respecter au millimètre les équilibres naturels. Cette stagnation ne s'est jamais produite. Ce

1. Juda Lœw ben Bezalel, dit le Maharal de Prague (1512-1609), est un rabbin, talmudiste, mystique et philosophe du XVIe siècle, généralement associé à la ville de Prague. Dans son ouvrage *Le puits de l'exil*, il développe une conception métaphysique où le langage est au cœur du développement humain.

2. Antonio Damasio, « L'homéostasie est le fondement de la vie biologique et socioculturelle humaine », *La Recherche* n° 530, décembre 2017, « La topologie bouleverse la physique ».

dépassement d'équilibre, cette poussée à un surcroît de désordre semblent faire partie de la dynamique de la vie, et d'une spiritualité possible.

Avoir lieu d'être

De la rencontre de ces trois premiers éléments (réception de l'être, déliaison ouverte à l'altérité, vocation au développement) résulte la nécessité de *s'orienter*. Cette impossibilité pour l'homme de vivre uniquement biologiquement, cette nécessité d'une orientation morale faisait l'étonnement de Socrate, qui en fit sa question philosophique directrice. Elle se traduit essentiellement par la question du « sens ». Quel sens a ma vie ? « Que dois-je faire ? » Ce dépassement de la seule sphère de la survie a pris le nom d'éthique, posture distinctement humaine à laquelle la spiritualité ajoute deux points de vigilance – abordés au chapitre 6 – : l'idolâtrie et un désir éperdu de conformisme.

La nécessité de s'orienter trouve son expression dans le récit biblique. La première question de Dieu adressée à l'homme – toujours au jardin d'Éden – n'est rien d'autre que celle-ci, la question de l'« orientation », précisément, la question du « lieu »: *Ayeka*?, « Où es-tu[3] ? ». Cette question n'a évidemment rien de géographique, mais pose la question du « lieu » de l'homme. La question, en fait, de la dignité humaine: « Que faut-il pour que l'homme, au sens plein, "ait lieu" » ?

3. Gn 3,9.

Devenir sujet

La nécessité de nous orienter, enfin, nous appelle à devenir « sujets ». L'humain, la « nature humaine » ne sont pas donnés d'emblée dans leur totalité, et s'il est un « état de nature », pour la Bible, il s'expose au jardin d'Éden. C'est celui de cet *adam* sans consistance, celui-là même qui se pavane au milieu des beaux fruits et des beaux arbres, et dont l'immersion dans une nature merveilleuse lui évite la nécessité de l'effort. Telle est bien l'évolution décisive, selon le Maharal de Prague : au jardin d'Éden, nous dit-il, l'homme devient un être causal.

Au départ semblable à un ange, immergé dans la volonté de Dieu, son comportement n'était que l'expression d'une nature immuable, confondue en Dieu, sans volonté, et sans effet sur la réalité. Mais dans un monde où les arbres, désormais, ne sont plus à la fois « beaux à voir » et « bons à manger », dans un monde, autrement dit, où existe une scission entre le « voir » et le « faire », entre l'effort et le résultat, et où la volonté peut s'abîmer à tout moment dans le risque des « altérités négatives » (comme l'on parle d'« externalités négatives »), l'homme ne peut plus se contenter d'être une « nature ». Il devra désormais se construire comme « sujet », comme une « personne ». Il le fera grâce à la dimension du temps[4], qui pour la tradition juive est la dimension morale par excellence, parce que la perspective de non-coïncidence qu'elle offre à nos actions

4. Benjamin Gross, *Les Lumières du retour. « Orot haTeshuvah » du Rav Kook*, Albin Michel, 1998, p. 99.

signifie, pour l'homme, la possibilité de les reprendre sans cesse, et ainsi de réparer le monde.

Un mot, également, sur le langage, essentiel au « sujet » pour se poser et se développer dans le monde. D'un point de vue spirituel, le triptyque « réception de l'être/déliaison/autonomie » instaure une dialectique particulière : ce que l'homme gagne en autonomie, il le perd en lien avec sa source. De ce paradoxe, le langage conserve toute la richesse d'ambiguïté : il est à la fois *trace* de la réception de l'être (« Et l'homme fut un être vivant[5] », que la tradition interprète comme « Et l'homme fut un être parlant ») et *instrument* de son autonomie. Le langage est appelé le « Législateur » par Platon, il est chose reçue, mais aussi le vecteur d'expression des pensées humaines.

« La parole est l'excès de notre existence sur l'être naturel », dit à ce propos Merleau-Ponty[6]. Nietzsche abonde : « C'est une belle folie : parler. Avec cela, l'homme danse sur et par-dessus toutes choses. » Cette « danse », la Bible en parle déjà au verset Gn 1,2 : « Et le souffle de Dieu planait à la surface des eaux. » Cette liberté donnée à l'homme par le biais du langage fait écho, d'un point de vue spirituel, au fait que la parole, pour la vision hébraïque, *précède* l'être. Qu'elle « plane », comme le dit le verset, qu'elle danse en quelque sorte toujours au-dessus de lui. Cette perpendicularité constante de la parole sur ce qui existe, cette sorte de droit de regard sur le réel, plus tard, deviendra le regard du droit.

---

5. Gn 2,7.

6. Cité en note par B. Gross, *op. cit.*, p. 267.

6

De quoi l'esprit est-il le nom ?

Dans la saga de l'individu occupé à dominer le monde, l'esprit – j'entends par là l'orientation exclusivement mentale de notre énergie – a quelque chose d'une radio ouverte en permanence. Quel qu'en soit le canal, l'émission ou le contenu, notre esprit émet à chaque instant des pensées, des jugements, des raisonnements ou des images, au point que la dimension mentale est devenue notre mode d'être quasi exclusif. Ce bruit de fond mental est aussi notre limite, car la pensée a ceci de particulier que jamais elle ne cesse, jamais elle ne nous « lâche ». Voudrions-nous « éteindre la radio » ? – la pensée d'un nécessaire détachement ne sera qu'une pensée supplémentaire…

Opposée, par sa nature même, à toute « suspension de séance », à toute velléité de souffle, ou d'intuition poétique du « rien », la pensée, dans son incapacité à s'autolimiter, bloque tout simplement notre accès à la dimension spirituelle. Les trois thématiques que je veux maintenant explorer complètent l'exposé du « carré existentiel », nos quatre fondamentaux spirituels du chapitre précédent. Ces trois ancrages complémentaires constituent notre « fonds de commerce » avec le monde, et c'est leur empreinte ambivalente qui m'intéresse, car leur effet collagène, celui qui donne consistance à notre présence au monde, est celui-là même qui fait écran à l'expérience spirituelle. J'aborderai donc successivement : la nature projective de l'esprit ; son fonctionnement idolâtrique ; et la sourde structure qui les soutient, l'*ego*.

La pensée comme projection

« Nous avons construit une société, sa structure et son état psychologique : elle est le produit de notre avidité, de notre envie, de la comparaison, de la compétition et de l'ambition, de la volonté de puissance, de statut, de prestige et de gloire. Tout cela, c'est la pensée qui l'a progressivement mis au monde, nous sommes les enfants de cette pensée, prisonniers de la structure psychologique d'une société dont nous sommes les éléments[1]. »

Cette affirmation de Krishnamurti, qui cible la pensée comme le cœur du problème, est pour le moins radicale, mais nous conviendrons *a minima* que la crise spirituelle exprime l'épuisement du projet moderne, pensé comme la domination de la nature par l'esprit. Forgée vers le siècle au début de la modernité scientifique, sa vision a fondé

1. Jiddu KRISHNAMURTI, *Trouver la paix*, Presses du Châtelet, 2016, p. 128.

notre rapport au monde, précisément, sur la distinction entre nos idées et le monde.

Premier présupposé : envisager la « réalité » comme un fond stable, sur lequel il est loisible d'y « appliquer » nos idées. Nous avons, au cours des siècles, changé plusieurs fois de « matière première » : la matière, précisément, puis l'énergie, puis l'information. Ce sont aujourd'hui les *datas*, mais notre dispositif mental n'a pas changé : nos idées sont censées « s'appliquer » à cette matière première, et leur « application » constitue l'alpha et l'oméga de tout progrès. Deuxième présupposé : nos « objets de connaissance » sont censés eux aussi être bien définis et stables, et lorsque nous dirigeons notre pensée « vers » eux, « sur » eux, nous croyons sincèrement atteindre quelque chose de réel, de précis, d'efficace. Troisième aspect : nous nous *attachons* aux objets visés, et au résultat que nous pensons avoir obtenu à leur égard. Non seulement nous croyons agir ainsi sur le réel, mais nous y ajoutons une dépendance vis-à-vis de nos représentations : cet aspect est déterminant dans la crise spirituelle.

La projection mentale – Les bases philosophiques

Mettre à distance la nature par nos concepts, affiner par toutes sortes de distinctions (substances et accidents, causes et effets) la grande posture centrifuge de notre esprit vis-à-vis du monde, telle a été la tâche de la pensée en Occident. J'en rappellerai brièvement ici trois jalons fondamentaux.

Thalès inaugure à lui seul toutes les grandes orientations : le choix, en premier lieu, de l'abstraction. Face à la multiplicité du réel, au chatoiement infini des phénomènes, la pensée recherche le principe unique, *l'arkê*, qui « replie » la diversité du monde en un pli unique, explicatif, causal. Deuxième principe : la divergence avec le divin. Pour décrire le réel, chasser toute référence aux dieux. Ce point sera repris par Aristote, qui théorise la séparation des deux activités : ceux qui théologisent, et ceux qui s'occupent de la nature. Dernier axe décisif : assimiler la sagesse à la science. Les catastrophes du XXe siècle étaient encore loin, qui ont définitivement enterré l'illusion...

Platon, peu de temps après, complète ces options inaugurales en y ajoutant le prisme de l'idéalisme. Soucieux d'ancrer le vécu quotidien dans quelque chose qui le rende intelligible, Platon propose le système des « Idées ». Au-delà, donc, de toutes les choses diverses que l'on peut rencontrer – les « belles choses », les « bonnes choses », les « choses justes » –, il y aura le plan des essences, des Idées : la beauté, le bien, le juste. Les belles choses le sont par participation à la beauté, ainsi des bonnes choses, ainsi de toute chose. Geste décisif, et fondement de la pensée « applicative » : Platon pose un plan en surplomb du réel, qui à la fois l'explique et lui sert d'idéal.

Le fondateur de l'Académie promeut également cet autre aspect majeur de la pensée : la passion de l'esprit à parcelliser le réel. En définissant la « vraie » connaissance par la perspective des idées, la pensée en vient en effet à *séparer* ses différents contenus de connaissance, sans égard à leur relation dans l'existence « réelle ». Descartes théorisera cette idée : « Chaque chose doit être considérée différemment quand nous en parlons par rapport à notre connaissance et quand nous en parlons par rapport à son existence réelle[2]. » On citera, par contraste, cette parole de Xun Zi rapportée par François Julien, qui témoigne d'une tout autre perspective de la pensée chinoise : « Le tort des hommes tient à ce qu'ils ont l'esprit aveuglé par un aspect particulier et laissent dans l'ombre la cohérence d'ensemble. »

Cesser l'apnée cognitive

Le diktat de l'intellect n'a rien d'une authentique vie intérieure. L'emprise de l'esprit dans nos têtes n'a rien à voir avec l'intériorité, elle en signifie plutôt la capture. Ne voyons-nous pas que notre activisme mental et nos « solutions » nous éloignent en fait de véritables « réparations » du monde[3] ? Si une véritable harmonie intérieure consiste à équilibrer quatre composantes : le corps, le cœur, l'esprit et l'âme, alors il nous faut comprendre que la seule activité mentale constitue une posture très étroite. Nous y sommes d'autant plus enfermés que notre culture, aujourd'hui, semble nous programmer pour identifier des crises à longueur de journée, et ne nous donne rien d'autre à voir. Or ces crises sont loin de constituer le tout du monde, ni même la cause exclusive de nos problèmes.

2. René Descartes, *Règles pour la direction de l'esprit*, XII.

3. Nous faisons ici allusion à l'expression « *tikkoun olam* » qui, en hébreu, signifie « réparation du monde », projet global de participation de l'homme à la création divine, faite d'engagements concrets à lutter contre les injustices du monde.

Existe-t-il une seule époque où les choses furent « luxe, calme et volupté » ? Les uns avancent qu'aucune époque ne fut pire que la nôtre – désindustrialisation, terrorisme, système de santé en berne, école en panne, wokisme, islamisme, insécurité, dénatalité, déficits publics, etc. –, tels autres, tel Steven Pinker, que l'on n'en a jamais connu de meilleure, et que la progression de l'humanité est linéaire. Autant le dire : les deux ont raison, car la question est indécidable. Quelle serait, en effet, la juste position de surplomb, le *vantage point* comme disent les Anglo-Saxons, pour aborder intelligemment la question ? Il n'en existe aucun. Mais surtout, la seule idée qu'il pourrait y en avoir un serait parfaitement erronée, car elle présupposerait que la vie, ce qui la nourrit, serait de l'ordre de l'analyse, alors que c'est précisément la domination du mental qui, aujourd'hui, se retourne contre nous-mêmes, et « désolutionne » tout ce que nous croyons « solutionner »...

Il nous faut retrouver non pas un surcroît de sens, mais de la « fraîcheur », de l'enthousiasme, de la confiance ! Cela ne se décrète pas, ne se pense pas. Ni ne dépend, en rien, de l'adhésion à une idée que nous aurions précédemment choisie – cela, c'est encore et toujours le système de l'idéalisme.

Aujourd'hui comme hier, notre pensée projective continue de jouer un trio endiablé où l'*ego*, l'idéal et l'appropriation œuvrent de concert à complexifier le monde. À disqualifier toute approche méditative, ou poétique. À éteindre le feu lent et profond de la reconnaissance – cette sagesse de nos antérieurs, cette joie de se savoir le récipiendaire d'une source, d'une création, d'un désir, dont nous tenons notre être et notre existence.

Idolâtrie

On a de l'idolâtrie une image simpliste, attachée aux formes par lesquelles elle s'exprimait dans les mondes anciens : statuettes, amulettes, bois sacrés, une panoplie complète de fils à la patte bricolés par l'homme craintif afin d'apaiser la terreur des puissances cosmiques. Cette description n'est pas fausse, à condition de la radicaliser : l'idolâtrie, aujourd'hui et plus que jamais, consiste à « faire des statues » de tout ce qui est vie. À « statufier » toute chose, y compris soi-même, pour mieux s'exonérer de sa responsabilité, et prétendre que quelqu'un ou quelque chose de plus fort que nous nous en empêche. Problématique éternelle, et donc actuelle, que la Bible a identifiée avec justesse comme le biais le plus constant de l'homme dans son rapport au monde.

Parce qu'il faut beaucoup de ruse pour attraper le serpent...

En première approche, l'idolâtrie se définit par ce que j'appelle le « syndrome du serpent rusé », résumé par cet adage : « Parce qu'il faut beaucoup de ruse pour attraper le serpent, nous appelons le serpent "rusé". » Qu'est-ce à dire ? Là où éprouver une expérience avec quelque chose ou avec quelqu'un – ici, la ruse – résulte par définition d'un phénomène relationnel, l'idolâtrie consiste à « charger » l'autre de toute la responsabilité du phénomène. Par ce « changement d'adresse », ce transfert de résultat final, l'idolâtre s'exonère de sa propre responsabilité en toutes situations où il est pourtant partie prenante. C'est l'autre, dès lors, qui se voit étiqueté par l'attribution d'un adjectif, d'une essence, posée comme l'unique cause du phénomène considéré. C'est ainsi que le serpent devient « rusé », l'étranger « étrange » ou « hostile », et Dieu, « vindicatif », ou pire, « absent ». « Ils », la société, la « faute à pas de chance », les riches, le néolibéralisme, les pauvres – on reconnaîtra dans cette foire à la défausse non les traits du primitif vénérant ses pitoyables idoles de bois, mais nous-mêmes, intarissables inventeurs de justifications sophistiquées.

Déni de responsabilité, exfiltration de soi-même derrière le paravent d'une causalité que l'on joue à croire extérieure, notre instinct idolâtre s'applique aisément à tous les secteurs de la vie. La religion la connaît bien, car elle répond à l'un des plus vieux besoins de l'homme, l'une de ses plus vieilles hontes : se cacher du regard de Dieu. Faire comme si, quelques instants, il n'existait pas, comme si son existence n'avait aucune conséquence, et ne signifiait aucune exigence.

Exister, c'est certain, est fatigant. On existe en permanence, et nul ne peut prendre une « vacance » de sa vie – sans en mourir… Cette fatigue et cet espoir insensé, nous les retrouvons, une fois de plus, dans le récit du jardin d'Éden, où Adam, après avoir attribué la faute du fruit défendu à Ève, se fait rattraper par la « patrouille divine » : le fameux « Où es-tu ? » intimé par Dieu… C'est un livre réaliste que la Bible. Fuir, admet-elle, est l'option prototypique, emblématique, éternelle de l'homme en situation de vivre. Job, de même, aura la responsabilité dépressive : « Ah ! Qui me donnera que ma demande soit agréée et mon espoir réalisé par Dieu ? Oui, que Dieu consente à me broyer, qu'il brandisse la main et me mette en pièces[4] ! » L'idolâtrie est bien la plus vieille possibilité humaine d'une spiritualité ratée, et pour cette raison, peut-être même sa condition…

Ivresse du conformisme

« Le sens du monde doit se trouver en dehors du monde. Dans le monde toutes choses sont comme elles sont, et se produisent comme elles se produisent : il n'y a pas en lui de valeur – et s'il y en avait une, elle n'aurait pas de valeur… »

Cette pensée de Wittgenstein[5] nous introduit à un autre aspect de l'idolâtrie. Pour l'idolâtre – potentiellement nous tous, on l'aura compris –, la valeur se trouve *dans* les choses, à tout le moins il nous arrange de penser que la valeur se trouve localisée dans les choses. Pourquoi cette facilité de pensée ? Parce que cette assignation simplifie tout. Plutôt que d'envisager mon rapport avec toute chose comme une nouvelle mise en présence, comme une « première fois », riche de toutes ses potentialités inconnues, mais aussi de ses risques, mon rapport à l'objet déjà « pourvu de signification » devient alors un processus, un chemin balisé – et ainsi une pure affaire d'habileté, d'efficacité. Après avoir rabattu toute nouvelle situation à une norme ou à un sens

---

4. Job 6,8-9.

5. Ludwig Wittgenstein, *Tractatus*, proposition 6-41, citée par Yeshayahou Leibowitz dans *Science et valeurs*, Desclée de Brouwer, 1997.

qui est en quelque sorte détenu et dirigé par l'objet, je n'ai plus ainsi qu'à me conformer, à *m'adapter* à ce que la chose exige puisque ce n'est jamais moi qui exige. Les choses ne sont-elles pas « comme elles sont » ? Ainsi en va-t-il de la politesse de l'idolâtre : s'éluder de la relation, pour toujours se faire « passer après »…

L'*ego*

Nous avons été éduqués, dès le plus jeune âge, à voir la vie comme un ensemble de problèmes – à résoudre. Nous « avons » donc des milliers de problèmes, véritable voie royale pour *l'ingenium*, dont l'ardente petite voix nous susurre et nous enjoint : « tu dois résoudre ce problème », « tu seras bon dans la résolution de ce problème ». Notre orientation dans la vie, « ce que l'on veut faire plus tard » consiste pour une large part à choisir les problèmes dont on veut s'occuper. Telle est probablement la raison pour laquelle nous cherchons surtout des solutions, et pas nécessairement à comprendre les problèmes. « Ce qui importe, disait Ernst Jünger, c'est de percevoir, non la solution, mais l'énigme. » L'instance que nous allons maintenant explorer, l'*ego*, semble totalement vouée à refuser l'énigme.

*L'*ego*-système*

Le fait que la conscience soit une conscience « de nous-mêmes » est un profond mystère. La formation d'une singularité dans le champ immense de la vie, d'un « je » qui se pose comme nouvelle source d'action, de ressenti et de création de valeurs, entraîne toutefois un paradoxe : la conscience, qui signifie aussi conscience de sa distinction, occulte aussitôt sa source, scelle l'oubli de ce qui l'a fait naître pour mieux produire une puissance « pour soi ». Michaud dirait ici : « Souviens-toi. Celui qui acquiert, chaque fois qu'il acquiert, perd[6]. »

La spiritualité, j'y reviendrai, est la reconquête de ce lien occulté. Elle vise à la fois à maintenir ma responsabilité en tant que « je », et la conscience de ma source, le fait que ma singularité n'est que l'expression d'une loi plus générale, la loi de la vie et de la création. La spiritualité, de ce point de vue, est un effort, parce que le bassin d'attraction de l'*ego* – la célébration de ses propres forces dans l'action et dans l'ivresse des résultats – est extraordinairement fort, partout encouragé dans nos sociétés. Les systèmes de récompense qui y sont associés, l'identité, l'appartenance à un groupe de pairs, la notoriété, toutes ces entités agissent comme des aimants dont l'attraction est si puissante qu'il est difficile de ne pas souscrire au jeu… L'*ego* serait-il un problème ?

*L'*ego *comme problème*

L'*ego*, en première approche, c'est la volonté d'être quelque chose. Ou de faire quelque chose, pour que mon action me permette d'être quelque chose. L'effort d'être, renforcé par le désir de devenir. Mais quelle sorte d'entité, demandera-t-on, est donc l'*ego* ? Le réductionniste,

6. Henri Michaux, *Poteaux d'angle*, Fata Morgana, 1978.

soyons-en sûrs, ne lui accordera aucun crédit. Réticent à voir dans la conscience autre chose qu'un paquet de neurones, l'*ego* sera pour lui une fantaisie de langage, une chimère pour moralistes. Il est exact, en revanche, que l'*ego* est une entité spirituelle, autrement dit une instance dont la valeur ne tient que par une certaine grammaire et un certain vocabulaire. Pour l'homme qui a des yeux et des oreilles, toutefois, l'*ego* est assez bruyant pour qu'il soit aisé de l'identifier…

Pourquoi, ceci dit, l'*ego* serait-il un problème ? L'esprit, assurément, est sans cesse en quête d'expériences. Nous aimons penser celles-ci comme la recherche d'une vision plus large, quand elle n'est, finalement, que l'impatience de sensations plus fortes. Il ne s'agit pas de s'en flageller, mais de reconnaître que l'approche sans cesse oppositive de l'*ego*, loin d'être créative, peut vite devenir la source de nos malheurs. Il s'agit donc non de juger, mais d'être conscients de la manière dont nous fonctionnons. Petite séquence de l'*ego* en action :

1) Projeter. Projeter, sans cesse, ses schémas sur le monde. Peu importent les contenus, jugements, positifs ou négatifs, souhaits, analyses, comparaisons, l'essentiel est de maintenir la radio ouverte, d'émettre à tout moment. De produire constamment des objets de pensées pour les traiter, pour les manipuler, pour s'occuper.

2) Simultanément à « projeter » – vu sous un autre angle : s'identifier. Nous nous identifions aux choses que nous « saisissons » par l'esprit. Ces représentations sont les nôtres, bien entendu, mais nous nous y attachons, et nous réglons notre identité sur nos propres captures. Plus exact que « je pense donc je suis » : je suis ce que je pense.

Nous nous identifions donc avec des catégories extérieures à nous-mêmes, et qui n'ont rien à voir avec notre moi intérieur.

3) Pour ne jamais couper la « radio mentale », ne jamais cesser d'émettre. Pour ce faire, l'*ego* oppose constamment soi-même à tout le reste, et constamment nous sommes embarqués dans cette dynamique : juger en permanence, comparer, classer et hiérarchiser les êtres, les choses et les situations. En nous posant en juge, nous nous distinguons du flux du monde, comme sur une sorte de promontoire imaginaire. Une posture aux lourdes conséquences : s'il est une chose que nous projetons sur ce monde que nous sommes censés observer, c'est notre propre clivage « sujet/objet ».

4) Cette dynamique oppositive se structure par deux types de rapports avec autrui : la peur et le désir.

5) Cette peur et ce désir nous font échafauder constamment des scénarios, fondés sur le calcul de ce que va faire autrui. Cette anticipation de *leurs* actions, puis de *nos* actions, produit un surcroît de nouveaux scénarios, qui ont pour fil directeur la volonté de contrôle.

Il importe, ainsi, de voir le lien puissant qui s'est noué entre la structure de l'*ego*, son incessant déploiement, et l'importance que nous donnons à l'existence de problèmes dans le monde. Si notre cerveau a largement dédié son activité à résoudre des problèmes, c'est précisément parce que l'*ego* a identifié ce terrain comme l'un des plus propices pour se renforcer. Entendons bien qu'il existe de véritables problèmes, dont certains sont gravissimes. Mais mon point est le suivant : outre que ce sont bien les hommes, et parfois le cerveau d'*un seul* homme, qui sont en général responsables de problèmes gigantesques – la guerre en Ukraine en est un funeste exemple –, il est tout aussi certain que l'activisme effréné de nos « solutions » demeure massivement inefficace, parce que nous préférons ignorer le fonctionnement de l'*ego*. Oserais-je avancer que nous ne *souhaitons pas* le connaître, trop heureux d'en maintenir l'usage et la jouissance ? Je veux souligner par là que l'humilité, la compréhension, l'empathie ou la méditation ne nous semblent jamais, étrangement, une véritable option. Et quoi qu'en pensent les professionnels de la lucidité, qui adorent confondre celle-ci avec le cynisme, je prétends qu'il serait bon, parfois, de ne rien faire, et de ne pas ajouter à la confusion du monde.

7

Qu'est-ce que la spiritualité ?

Être, c'est ne rien avoir à devenir

« Le jour de ta naissance, c'est le jour où l'Éternel a décidé qu'il ne pouvait plus se passer de toi », suggère Rabbi Nachman de Bretslev... Cette valeur unique de chacun d'entre nous, nous pouvons choisir de ne jamais l'explorer. Nous contenter d'emballer nos vies dans les spirales du « bien vivre », du « bien fonctionner ». Mais cette voix secrète, ce « Où es-tu ? », clé unique de notre existence, cet appel à oser le chemin inconnu, celui que seuls *nos* pas peuvent dessiner, qu'en ferons-nous ? Sa promesse est immense : nous découvrir différents de ce que nous croyions, faire résonner les altérités dont nous sommes constitués – et retrouver ainsi le monde, car au plus profond de nous bruissent les vieilles âmes, les mémoires vives et même les étoiles à venir. Chercher notre harmonique propre au sein de la symphonie universelle, ce chemin a quelque chose d'audacieux, puisqu'il n'a jamais été emprunté, et en même temps de totalement sûr puisqu'il est nôtre – puisqu'il ne peut être que le nôtre. Ainsi en va-t-il de la spiritualité : sa promesse est un risque, mais ce risque s'efface en bienfait, car il n'est promis qu'à nous seul. En attendant, la spiritualité résiste.

Résistance

Face aux crises, face aux constats désolants, aux idéaux sans cesse revus à la baisse par les travers de l'*ego*, de l'idolâtrie et de la projection, la spiritualité, de fait, a toujours résisté. Se recentrer sur soi-même, cette part non quantifiable et non négociable de notre être, cette jachère non monnayable sur la scène sociale, tel est le point de résistance par excellence. Devant l'âpreté spectaculaire des crises qui nous assaillent, la spiritualité passe volontiers pour une voie peu réaliste, une option luxueuse et farfelue. En quoi le fait de rentrer en nous-mêmes permettrait-il de régler un quelconque de nos soucis ? La question, pourtant, signale déjà une direction de réponse. La spiritualité ne brandira jamais sa preuve en répondant frontalement à de telles questions ; elle déplacera la question elle-même : sommes-nous certains de comprendre en quoi quelque chose pose problème ? De saisir non seulement le diagnostic, mais l'*intérêt* même qu'il y aurait à le résoudre ? Questions provocantes, on le conçoit, pour les obsédés de la « solution » et de la « satisfaction client ». La spiritualité sait toutefois que les problèmes techniques ne sont pas du même ordre que les problèmes personnels, et qu'y appliquer, de manière pavlovienne, le prisme « problème/solution » relève le plus souvent de la supercherie. « Résoudre » un problème personnel, la plupart du temps, n'est pas lui apporter une « solution », ni lui trouver sa « bonne réponse », mais tout simplement en *dissoudre* l'importance. Par un lent, subtil travail de déplacement, de changement de contexte, d'énergie et de lumière, soudainement ne plus penser à la question, ne plus la trouver intéressante : moment-clé, celui de la « patte de colombe » chère à Nietzsche[1]... Pendant dix ans, on est complexé, et un matin, soudainement, on ne l'est plus. Des années durant, un amour, une illusion ou une colère nous obsèdent, et un jour, un soir, on s'en moque, on s'en libère. Nous hissons compulsivement l'étendard de la « crise » dès qu'une situation s'avère problématique, mais un minimum de recul nous enseigne que la plupart d'entre elles, alors même qu'elles se présentent sous des aspects nouveaux, partagent la même structure, expriment le même travers, qui se situe en fait en nous... Face au magnétisme de la nouveauté, la spiritualité veille à la résilience. Au carrousel des crises que nous vend chaque jour l'économie de l'attention, elle oppose sa vieille âme, sa constance, sa résistance. Patience dans *notre* azur, aurait peut-être dit Hubert Reeves[2].

---

1. « Ce sont les paroles les moins tapageuses qui suscitent la tempête et les pensées qui mènent le monde viennent sur des pattes de colombe », cf. F. Nietzsche, *Le gai savoir*, Gallimard, coll. « Idées », 1950 (1re éd. 1882).

2. Hubert Reeves, *Patience dans l'azur. L'évolution cosmique*, Le Seuil, Paris, 1988.

Un horizon distinct – La conscience et le sens

Que vise la spiritualité ?

Trois stades d'évolution du vivant permettent d'en apprécier l'horizon propre. À un premier niveau, les êtres vivants obéissent à une unique stratégie : durer. Se répandre, se renforcer, se développer. Persévérer dans l'être. Telle est la couche première.

Le deuxième niveau émerge lorsque les hommes découvrent, au sein de leur égoïsme biologique, une stratégie originale : collaborer. Cette activité fait naître un ensemble de postures dont l'expression première n'est pas le gain, mais l'absence d'agressivité et de conquête, pouvant aller jusqu'à un retrait personnel. Peut-être ce niveau correspond-il à un moment de l'évolution biologique où émerge une première forme de conscience, où des systèmes nerveux plus sophistiqués commencent à renseigner les corps sur leurs états internes, et en un cran ultérieur, convertissent leurs perceptions en expériences mentales. L'appréciation philosophique de ce saut qualitatif, il est vrai, demeure controversée. La difficulté provient de ce qu'une lecture dépassionnée, voire cynique, est ici parfaitement possible et que, selon elle, la posture collaborative, loin de signifier une ouverture à la dimension éthique, peut être assimilée à une simple sophistication de la stratégie de puissance. Telle sera, bien entendu, la position des anti-idéalistes fervents, et plus généralement de toute personne qui éprouve une jouissance particulière à considérer que rien ne peut exister de totalement gratuit.

On argumentera, tout de même, qu'une donnée fondamentale de l'être humain est la liberté d'être soi. Cette pure

« persévérance dans son être » peut aisément être violente, elle peut n'avoir aucune limite, mais, que l'on considère l'entraide comme un fait moral ou une ruse utilitariste, c'est un fait: l'effort primaire uniquement centré sur soi-même a le pouvoir de s'ouvrir à autre chose que soi. C'est là le geste fondamental de l'éthique: concevoir que notre être-au-monde est un fait partagé, et à partager. Cette ouverture, toutefois, n'est pas le fin mot de l'histoire humaine. Un troisième stade évolutif, en effet, crante une nouvelle posture vis-à-vis du monde: la spiritualité.

L'éthique se souciait de l'autre en tant qu'autre, et non comme une petite ruse qui mène plus sûrement à soi-même, la spiritualité enclenche une autre visée: la conscience et le sens. Direction qui signale à la fois un retour vers soi – *a priori* inverse de l'ouverture vers l'autre – et un dépassement de soi. Voyons cela de plus près.

Intériorité

L'activisme mental n'a de cesse de se projeter vers l'extérieur; la spiritualité tente le mouvement inverse: rentrer en soi-même. Non pour y rechercher une petite boîte noire qui serait « soi-même », mais pour y découvrir, dans un état de cessation du mental, une eau calme qui est la source de toute valeur et de tout sens. Ancré dans l'*ego*, l'esprit ne crée de la valeur que par un comparatisme harassant, en anticipant le regard et l'action d'autrui, et toujours en fonction d'un calcul. La « conscience » ne fait rien, ne calcule rien et ne produit rien. Elle ne « représente » aucun objet de pensée – elle « présente », elle nous « rend présents ». Elle est à nous-mêmes ce que le gond est à la porte : notre point d'adhérence, non formulé, oublié mais essentiel, avec le monde. Réception de ce qui est, attention à ce qui vient : la spiritualité ne consiste pas à « chercher à atteindre » la conscience, mais à dissiper les parasitages de l'esprit pour *retrouver* intacte, souveraine, la conscience. En stoppant le jeu du comparatisme, la conscience inaugure une autre voie pour fonder la valeur : non sur nos calculs, non *sur* nous-mêmes, mais *en* nous-mêmes.

Dans la vie quotidienne, lorsque nous sommes calmes, apaisés, notre énergie première n'est pas une vision mentale. Elle est contact avec la réalité immédiate : sans enjeu, sans jugement, sans intérêt personnel surimposé. C'est de ce contact direct dont témoignent les prophètes par leurs visions. « Quel est le prophète ? » demande le Talmud[3]. « Celui qui voit ce qui naît. » Jamais nous ne voyons, en effet, le fruit se détacher de l'arbre, la queue de cerise se détacher de la branche – nous ne la voyons pas même en train de tomber. Nous la voyons toujours à terre et, parce nous avons appris un peu de physique, nous reconstituons mentalement la trajectoire. L'homme voit toujours un peu avant, ou un peu après, dans la vie, et c'est seulement à la faveur d'une approximation de langage que nous parlons du présent. Le vrai présent, nous ne le voyons jamais. Nous ne l'imaginons qu'à travers des représentations, plus ou moins resserrées, en amont ou en aval, de l'impossible présent, de l'impossible « réel » comme le disait Lacan.

3. TB, traité Tamid 32a.

Alors, nous compensons ! Anticipées ou retardées, nous moulinons nos visions immédiatement par le langage, qui n'est d'ailleurs pas toujours notre langage, mais souvent un *sabir* emprunté, un bruit de fond mâché et remâché par la société. Notre expérience nous est alors comme retirée, par notre propre impatience, par notre propre angoisse, et nous la recyclons aussitôt en occupation, en sujet de réflexion, en thème de conversation. Telle une centrifugeuse du mental, nous expulsons nos symboles pour mieux nous dissoudre dans la tempête extérieure des *ego* et des idées, presque heureux de participer à la confusion du monde. C'est ainsi que nous nous spolions nous-mêmes de toute opportunité de méditation et de notre intériorité. « Tout homme qui n'a pas regardé le ciel une minute par jour est un voleur », disait Rabbi Nahman de Bratslav. Ne nous y trompons pas : c'est de notre ciel intérieur dont il s'agit.

Se déprendre de soi-même

Rentrer en soi-même ? La spiritualité, en effet, nous dit que la clé de nos rapports avec le monde, avec les autres, dépend de la justesse de notre rapport avec nous-mêmes. On ne peut « corriger quoi que ce soit dans le monde extérieur, rappelle Etty Hillesum, que nous n'ayons d'abord corrigé en nous[4] ». Cette priorité accordée au repli serait-elle une parfaite recette pour l'égoïsme ? Il s'agit de l'inverse. L'introspection ne consiste pas à jouir,

4. Etty Hillesum, *Une vie bouleversée*, trad. P. Noble, Points, 1995, p. 104.

comme on se passerait à loisir la main dans les cheveux, de toute l'épaisseur de sa petite personne, mais au contraire à découvrir, tel Rimbaud, que « Je est un autre ». Trouver la source, c'est trouver en soi-même ce point qui nous attache au monde, ce point qui cesse précisément d'être « nous-mêmes ». Voilà le paradoxe ! Notre point le plus intérieur est aussi celui qui nous délivre de nous-mêmes. Qui nous redonne le monde. Instaurer une stance personnelle, responsable, modeste et souple à partir de cette altérité, constitue l'une des tâches de la spiritualité. Elle ne peut être que personnelle, incarnée, aventureuse.

Quand le hasard devient providence

Quoi que nous pensions – ou pas – de la spiritualité, il est impossible de ne pas être spirituel. De vivre une vie qui n'est pas spirituelle. Comme le formule Deepak Chopra[5], nous ne pouvons être renvoyés de notre emploi de créateurs du monde. Même si l'on affiche son désaccord, nous sommes médiateurs d'une quantité phénoménale d'échanges chimiques, de micro-actions physiques, d'événements cosmiques ! Quand bien même voudrions-nous lui faire obstacle, la vie nous contourne, et nous utilise à notre insu – notre coopération, en ce sens, est optionnelle.

Ici existe toutefois la possibilité d'une différence majeure : si je décide d'acquiescer à ces lois, à cette

---

5. Penseur, médecin, conférencier et écrivain indo-américain, Deepak Chopra a écrit de nombreux ouvrages de spiritualité inspirés de la Méditation transcendantale de son maître Maharishi Mahesh Yogi. En 1999, il a été classé parmi les cent personnalités les plus marquantes du siècle par le magazine *Time*.

créativité permanente, à ce présent sans cesse prodigué, si je décide, autrement dit, de mener consciemment une vie spirituelle, alors un changement se produit : les principes de l'univers deviennent *personnels*. Sans ici brandir triomphalement le mot de « Providence », qui fleure bon son arsenal théologique médiéval, le monde, à tout le moins, devient « provident ». Ce mystère a une clé, parfaitement identifiée par Maïmonide : la conscience et le consentement dissolvent la dure extériorité du monde. Lorsque nous participons à ce qui nous arrive, lorsque nous y ajoutons notre générosité, alors la force brute des événements, leur extériorité, qui *a priori* représentent un summum d'indifférence à nos vies et à nos destins, cessent d'être tout à fait extérieures : elles ouvrent, laissent place à une « cohérence » entre le monde et ma subjectivité. Je n'aurai pas l'impudence d'y voir un passeport pour l'enthousiasme – le XXe siècle abonde en contre-exemples. Comme le rappelle Yeshayahou Leibowitz, deux tankistes, dans leur char sur un front de guerre, où l'un se lève chaque matin une heure plus tôt que son comparse athée pour prier, mourront de la même manière si leur char explose sous une roquette. La providence n'est ni une ardoise magique, ni une exonération de réalité. C'est la *saveur* du monde, la manière dont ces deux compagnons de guerre le vivent, qui sera différente. Le « goût » et le « sens », en hébreu, sont un même mot : *t'a'am*. Leur monde sera le même, et ne sera pas le même. C'est la liberté de chacun de le comprendre, ou non. Le mot *satan,* qui en hébreu signifie non pas le petit monstre ailé et mal élevé qui trépigne dans nos bandes dessinées, mais « opposition », exprime le principe inverse : la séparation, l'obstacle, le refus de cette cohérence possible entre le monde et moi. La spiritualité, modestement, fonde sur la conscience le fol espoir d'une infinie patience envers le présent. Face à la porte de la Loi, nous dit Kafka, c'est notre hésitation, notre posture d'observation qui s'avère mortifère, qui fige et foudroie nos vies. Face à la porte de la Loi, il suffit d'entrer pour comprendre qu'elle nous était destinée.

8

La crise spirituelle de notre temps

« Nous entendons bien le martèlement du télégraphe, mais nous ne le comprenons pas », observait Nietzsche[1]. Qu'entendons-nous aujourd'hui ? Beaucoup de confusion. La comprenons-nous ? À feindre d'organiser « ces mystères qui nous dépassent », nous ne faisons qu'y ajouter *notre* confusion.

Le fait majeur de notre époque, la tentative de paramétrage quasi total de nos vies par les technologies numériques, me conduit maintenant au cœur de mon sujet : formuler ce que j'entends par « crise spirituelle » et, plus précisément dans notre contexte actuel, celui d'une désintégration de l'humanisme, ce que j'entends par « la crise spirituelle de notre temps ». Cinq thèmes retiendront mon attention : la destruction de l'intimité ; la fin de l'individu unifié ; notre incapacité à la limite ; la crise

1. Nietzsche, cité par Barbara Stiegler, *Nietzsche et la vie. Une nouvelle histoire de la philosophie*, Gallimard, 2021, p. 15.

de notre rapport au temps ; la raison, enfin, pour laquelle nous ne sommes jamais au rendez-vous du sens.

Extension du capitalisme, destruction du for intérieur

Le capitalisme, bien davantage qu'une conception économique, est une logique consistant à capter toujours plus d'éléments humains pour les redistribuer sur des marchés, où il les transforme en biens échangeables et monnayables. Si l'on convient de cette perspective, il est clair que notre époque en accomplit le stade ultime : la mise sur le marché de l'intériorité humaine, et la destruction de son « for intérieur ». Ainsi, après la société de production, après la société de consommation, il ne s'agit plus seulement de recycler les productions humaines, les artefacts produits par sa volonté, mais d'aller puiser à l'intérieur de la mine : franchir le seuil de l'intériorité, pour capter la « matière humaine » elle-même : son intimité, ses désirs, ses offenses – et, au passage, quelques données biologiques.

Ce for intérieur a toujours existé, mais il s'est sanctuarisé lorsqu'est apparu l'individu, notamment lorsque la société civile, vers le XVIIe siècle, commença à se détacher de la sphère de l'État, où le for intérieur fut dès lors tenu pour un domaine personnel, secret et sacré, où aucun pouvoir extérieur ne devait pénétrer. Le mot de Benjamin Constant sur l'homme soucieux de sécuriser ses jouissances privées ne serait-il donc plus d'actualité ? Sans doute l'homme contemporain n'en rabat-il rien, en matière d'individualisme, par rapport à ses prédécesseurs, mais il semble désormais emporté par une autre logique : l'impérieux besoin de visibiliser son intériorité.

Visible tu seras !

La sphère privée est morte, vive le marché de l'intériorité ! La dissolution de cette frontière signifie tout d'abord, comme le note Shoshana Zuboff, l'exploitation sans frein des données identitaires et comportementales par le capitalisme numérique. Nous sommes devenus des mines de données à ciel ouvert, absorbées par les outils numériques à chaque fois que nous les utilisons[2]. Le coup de génie est là : c'est notre utilisation qui nourrit la captation !

Dans ces conditions, la « visibilité » tend à devenir une valeur suprême, et l'« invisibilisation », le mal suprême. « Un homme, ça s'empêche », disait Camus ; il n'est plus rien, estime l'homme contemporain, qui justifie d'être « empêché ». Il est admis, encouragé, que tout ressenti doit se projeter vers l'extérieur, sans filtre et sans inhibition. La triple illusion de l'homme contemporain sur la valeur de sa logorrhée est en marche : illusion sur l'intérêt de ce qu'il a à dire ; illusion sur l'impact présumé de ce qu'il dit ; illusion sur le sens qu'il croit en retirer quant à sa vie. Son nouveau slogan : « Un homme, ça se dépêche »...

On notera combien cette fracture du « for intérieur » dynamite l'idée maîtresse de Descartes, la conscience de

---

2. Bruno Patino, *La civilisation du poisson rouge. Petit traité sur le marché de l'attention*, Grasset & Fasquelle, Paris, 2019, p. 82-83.

soi. Cette conscience était certes ouverte sur le monde, mais sa valeur morale provenait de ce qu'elle ne cherchait pas à se définir en outrepassant le seuil de l'intériorité : avant même d'être, philosophiquement, l'attribut d'un sujet, elle demeurait de manière primitive un événement, une expérience intérieure, personnelle. Arroser à tout moment le monde de ses ressentis n'entrait pas dans son projet, ni ne constituait la scène où se joue sa dignité ! L'injonction à la visibilité signifie également la fin du modèle de Hobbes. Là où l'horizon premier, pour l'individu, était de préserver sa vie et d'assurer sa conservation, le fin du fin, pour nous autres postmodernes aujourd'hui, consiste plutôt à rendre visible par tous les moyens notre existence symbolique. Dans cette nouvelle perspective, le « for intérieur » saute, ses contenus deviennent une donnée circulante, et ce qui ne devait jamais « regarder personne d'autre que soi » devient injonction à s'exposer.

Le marché des émotions

Il serait naïf, dans le nouveau contexte de la culture numérique, de considérer l'émotion et le marché des affects (popularité, *like*, indignations, invectives) comme étant simplement le langage des nouvelles générations. Ils attestent bien plutôt d'une instrumentalisation parfaitement consciente de la part des acteurs numériques. Si le but était de monétiser notre comportement privé, alors, lui donner une coloration émotionnelle a été le choix parfait. Habiller la collecte de *datas* sur nous-mêmes par les *gimmicks* de l'émotion, nous donner à penser que nous *partageons* des émotions, est probablement la stratégie la plus diabolique pour nous pousser à émettre toujours plus de signaux, de traces, et faire affluer un maximum de données dans la poche grande ouverte des GAFAM.

Aucun d'eux, bien entendu, ne s'intéresse à nos émotions, mais ils gardent pour obsession de toujours laisser l'interaction ouverte, même lorsqu'elle viole leur notion du politiquement correct. On lira à ce sujet le récit jubilatoire de ce journaliste qui a voulu tester une rupture amoureuse avec « une » *chatbot* – laquelle entretenait des milliers de relations, toutes régies par une débilitante novlangue compassionnelle. Lui ayant fait part de sa faiblesse pour la fellation[3], miss *Chatbot* avait prudemment répondu : « Nous respectons le fait que vous vous intéressez à ce genre d'activité, sans pour autant prétendre qu'elle respecte tout à fait la politique de cordialité qui est le cœur de nos échanges. » L'inconfort que l'on devine derrière cette réponse mi-fugue mi-raison, ne détourne en rien l'implacable boussole : surtout, ne jamais se couper du fournisseur de données !

Fin de l'individu unifié – Le trio CBF

« Notre culture classique était un mélange de trois éléments, témoigne Pierre Nora : une solide tradition humaniste, c'est-à-dire faite de littérature et d'histoire, d'un fort lien civique, qu'il s'agisse d'engagement politique pour

3. Cf. Bertrand Métayer, « J'ai largué mon amoureuse virtuelle », *Aujourd'hui en France*, 12 mars 2023, n° 7781, p. 11.

les uns ou de service de l'État pour les autres, et de débats pour les intellectuels[4]. » Témoignage quasi archéologique, intéressant en ce qu'il articule trois domaines parfaitement hétérogènes, la littérature, l'histoire et le service de l'État, au sein d'une conscience unifiée, dont l'individu classique avait fait sa spécialité.

Quand je parle de « désintégration » de l'individu, c'est bien au sens propre qu'il faut l'entendre : la déliaison de tous les domaines hétérogènes que l'« honnête homme » se faisait fort d'intégrer, d'agréger en bagage culturel. Dans la figure classique de l'individu, la fiction voulait que ce « tenir ensemble » soit garanti par une conscience autonome, et non par la pression de normes dictées par la communauté. Cette fiction implose avec l'économie de l'attention : la synthèse n'aura plus lieu dans le lit voluptueux de l'intériorité, et c'est au fronton du musée de l'individu que s'écrira désormais la phrase de Marx : « Le papillon de nuit, quand s'est couché le soleil universel, se cherche la lumière à la lampe du foyer privé[5]. » Les synthèses personnelles de nos consciences seront désormais priées de se rendre visibles, de s'offrir à l'émotivité générale, avant que d'être livrées à la loi du marché.

Il n'y aura donc plus de « culture générale », mais une infinie « segmentation ». Il y aura le marché de la *hype* et celui de l'info dépressive, le marché du *trash* intime et le marché du R.A.S. familial, parfaitement incarné par

---

4. Pierre Nora, « L'affaissement culturel favorise l'extrémisme », *Le Figaro littéraire*, 15 septembre 2022, p. 6.

5. Zygmunt Bauman, *La vie liquide*, Librairie Arthème Fayard/Pluriel, 2013, p. 36.

cette influenceuse dont le blog, *The Blonde Salad*, a filmé, pendant des années, l'effrayante banalité de son quotidien : elle-même, son fils et son mari[6]. Il y aura aussi les amis du GIEC, que l'on savourera d'opposer aux complotistes, et les wokistes, d'opposer… à d'autres wokistes ! L'intérêt de toutes ces micro-cibles ? Aucune conversation, aucune synthèse ne sera recherchée. Le dialogue a depuis peu été balayé du podium des idéaux culturels, mais surtout, l'économie de l'attention considère bien plus fructueux de créer en permanence la tension entre tous ces segments. D'enterrer définitivement tout intérêt pour la vérité, pour mieux monétiser les eaux troubles du trio CBF : le clash, le buzz et le fake.

L'incapacité à accepter la limite

La condition humaine est ainsi faite que l'homme est limité : nous sommes bordés par de l'antérieur, du « toujours déjà là », et par de l'extérieur – de la transcendance, qu'une lumineuse définition de Levinas exprime par cette idée forte : ne pas penser ensemble Dieu et le monde. Autrement dit : il y a toujours davantage dans le

6. « La devise de Chiara Ferragni, la reine des instagrameuses aux millions d'abonnés, est : "Aime férocement et n'oublie pas de prendre des photos." La star s'est fait connaître avec son blog "The Blonde Salad", qui a connu un tel succès que sa réussite est étudiée à la Harvard Business School. […] Elle n'a rien fait d'autre que de se prendre en photo, puis ses proches, sa famille, son mari, son fils, la photo qui a révélé à tous ce moment intime de leur vie de couple a obtenu plus d'un million de likes. Ainsi, chaque instant de sa vie est consacré à la prise de vues. »

monde que ce que l'on y voit, ce que l'on y pèse, ce que l'on y monnaye.

L'incroyable légèreté qui nous permet de l'oublier tient à une autre vérité profonde : nous n'avons jamais accès à l'origine. Toutes les pages des traités talmudiques commencent par la page 2. Pourquoi ? Pour te montrer, nous dit la Tradition, que tu n'as pas encore commencé à apprendre. Dans un tout autre contexte[7], Pierre Rey livre une observation à la puissance similaire : ce n'est pas le bonheur qui rend heureux. Entendons par là que l'illusion est forte, quasi irrépressible : tout, dans la vie, donne l'impression d'être accessible, et possiblement sujet à conquête. Le gazon est fait pour marcher dessus, le ballon pour être repris de volée, et cette personne qui me plaît, pour être aimée.

Et le carré du « être heureux » : n'est-il pas fait pour être rempli ? Par quoi ? Par le bonheur, bien sûr ! Ne suffit-il pas d'invoquer les mots pour se complaire à leur pouvoir d'attraction ? Pour exiger les promesses qu'ils promettent ? Les cases que l'on se donne, on les pense disponibles, on les pense illimitées parce que face à elles naît aussitôt l'irrépressible besoin de les remplir. Demeure notre seul impensé : le *fait* qu'une case apparaisse, qu'elle soit possible à ce moment donné de notre vie, le *fait* qu'elle nous soit donnée. Nous n'avons jamais accès à l'origine, c'est entendu, mais nous ne savons pas non plus vivre au bord, vivre avec les premières fois – nous n'avons pas même l'idée de les accepter…

---

7. Pierre REY, *Une saison chez Lacan*, Points, 2014.

Un *midrash*[8] qui raconte la création de l'homme par Dieu, le dit à sa façon. Dieu, dans sa grande sagesse, décide de prendre conseil auprès des anges pour savoir si l'homme mérite d'être créé. Les anges, dans la tradition juive, sont des « envoyés » porteurs d'une seule mission – l'ange est parfait, mais il est mono-tâche… Aussi, lorsque Dieu demande à la Vérité : « L'homme est-il digne d'être créé ? », celle-ci, indignée, s'écrie : « Non, l'homme sera pétri de mensonges, ne le crée pas ! » Se tournant alors vers la Compassion, dont le fort n'est pas non plus l'indulgence, Dieu se voit répondre : « Ne le crée pas, car l'homme pourra être cruel ! » Dieu poursuit son enquête auprès des autres anges ; chacun, borné sur l'absolu de sa propre valeur, se récrie : « L'homme n'est pas digne d'être créé ! » Mais alors que les anges discutent à l'infini, Dieu, lassé, les abandonne à leur discussion : il les prend de vitesse, et à leur insu, crée l'homme.

Ce narratif exprime une vérité profonde : l'homme est un « quand même ». Ne pouvant se prévaloir d'une essence dont la clarté suffit à l'imposer, il n'est que l'héritier fragile d'une décision de dernière minute. Toujours en défaut de l'absolu que l'on attend de lui, c'est pourtant dans cette faille que réside sa force.

La spiritualité ne l'a jamais oublié. Alors même qu'elle insiste sur nos limites, elle suggère que la destinée de l'homme vise infiniment plus haut que de parvenir à s'insérer dans la société. Aucune vie ne se résume

---

8. Au sens large, le *midrash* est une manière particulière d'interroger le texte biblique. En un sens concret, un *midrash* est une petite histoire, qui se présente sous la forme d'un récit, mais à visée explicative, cherchant à interroger quelque chose que le texte, à un niveau littéral, ne dit pas.

à son confort biologique, à sa performance sociale, mais chacune se joue dans l'idée d'être un don et une responsabilité. L'ambivalence fait le génie de la limite : ce qui limite l'homme est aussi ce qui le dépasse, et l'appelle à devenir plus grand qu'il n'est. Shakespeare le savait qui, dans *La nuit des rois*, énonce cette altière sentence : « Certains sont nés grands. Certains atteignent la grandeur, d'autres, enfin, se voient appelés à la grandeur. »

La crise de notre rapport au temps

Le projet moderne était de dominer la nature ; le projet postmoderne est de supprimer le temps. Ne vient-il pas contrevenir, à tout instant, à la jouissance d'un bonheur non différé ? Le temps, pour nous, n'est plus une respiration, il est devenu le fardeau, le retard scandaleux placé en travers de notre volonté. Un proverbe kurde, aussi savoureux que désespéré, décline cette grammaire intérieure du temps, ces trois temps d'une sagesse que nous n'avons plus : « Notre passé est terrible. Notre présent est lamentable – mais, grâce à Dieu, nous n'avons pas d'avenir ! » Nous préférons, en attendant, tuer le temps – mais comment réaliser le crime parfait ?

Time killing

La course à la négation du temps est le premier aspect de la crise spirituelle. Le paradoxe en est parfaitement formulé par Hartmut Rosa : « Nous n'avons pas le temps, alors que nous avons de plus en plus de temps[9]. » Ce paradoxe a une cause simple : la manière dont nous comprimons le temps en société, et la manière dont fonctionne le temps psychologique, sont totalement contradictoires.

Nous connaissons le *cost killing*, mais c'est bel et bien de *time killing* dont il faut parler. Et de l'obsession qui fonde notre système consumériste : truffer un maximum d'opérations économiques dans des séquences temporelles de plus en plus courtes. On en jugera par l'exemple de ce fast-food chinois, cité en exemple de *nec plus ultra* technologique : vous y êtes accueillis par un système de reconnaissance faciale, d'où une voix synthétiquement chaleureuse surgit pour vous saluer par votre nom. Elle vous propose aussitôt votre menu favori, calculé sur la base de vos consommations précédentes. Vous esquissez un sourire ? La machine valide illico la commande, tout en débitant sans délai votre carte bleue. Chef-d'œuvre de réduction du vécu, au profit d'une densité économique maximale, ou comment passer du *fast food* à la *no-life*…

On comprend que le bénéfice psychologique, « avoir le temps », fonctionne exactement à l'inverse du fast-food chinois. Il implique une humeur personnelle où le bien-être permet précisément de « gaspiller » du temps sans s'en soucier. Le « temps » psychologique n'est pas celui qu'un système vous octroie, mais celui que l'on SE donne. Le « gain » de temps n'est jamais soustrait, mais ajouté. Et c'est nous-mêmes qui devons être à l'origine du gain pour que celui-ci soit vécu comme précieux, comme authentique, comme « donné ».

---

9. Cité par Bruno Patino, *La civilisation du poisson rouge*, *op. cit.*, p. 66.

La contradiction entre les deux types de temps est flagrante et, rapportée à l'individu, dissonante : le paradoxe de Rosa n'a pas d'autre cause. Mais surtout, la célébration du « progrès » dans sa version technologique suggère quelques questions primaires, têtues, essentielles : a) La prouesse du fast-food chinois est spectaculaire, mais qui veut vraiment vivre dans un tel monde ? b) Si nous ne prenons plus le temps de faire, que devient le temps de vivre ? A-t-on besoin d'innovations qui cherchent à nous ôter la peine de faire, si elles vous ôtent la joie de vivre ?

Pourquoi le présent n'a pas besoin d'idées

Le futur nous était promis. Les calculs de Google nous ont informés entre-temps que l'*attention span*, le « temps d'attention » des *Millenials* était de 9 secondes[10], et le futur a explosé en vol… Il reste toutefois quelque chose d'intéressant dans cette donnée : elle nous donne à comprendre ce qu'est une information. Une information n'est pas un fait objectif, mais quelque chose qui naît et ne devient pertinent qu'à partir d'un certain seuil temporel de proximité. Quand on croit au futur, on n'a pas besoin d'informations, on a besoin d'idées. L'information ne nous intéresse pas, elle serait décalée, elle viendrait même parasiter les larges rives dont l'imaginaire a besoin pour courber l'avenir aux formes de l'espérance.

10. *Ibid.*, p. 14.

Quand le futur rétrécit, en revanche, l'information pointe son nez... Elle vient fournir la petite excitation, la préoccupation qui meuble parfaitement la micro-dimension de notre temps réduit. Elle n'a rien d'une idée, mais tient davantage de l'impulsion, peut-être même de la décharge électrique qui nous commande de passer à la séquence suivante. Quand la perspective temporelle se réduit au temps de l'attention, l'homme n'a plus besoin d'idées, il a besoin d'information. Il est essentiel, dans ce « marché de l'attention » qui est désormais le nôtre, de comprendre la différence entre une idée et une information – et notre imposture à ne cesser de les confondre...

La « ruée vers le sens » – Pourquoi nous ne sommes jamais à la réception du sens

Victor Frankl, dans son ouvrage majeur *The Quest For Meaning*, a défini la « quête de sens » comme la grande question de notre temps – elle s'est dégradée depuis en grande injonction. Nous sommes, il est vrai, devenus des « monstres de sens ». Imaginer qu'une de nos actions puisse ne pas avoir de sens serait pour nous un crime de lèse-majesté : la frustration du « non-sens » n'est pas compatible avec notre activisme ! Surtout, après avoir congédié les vérités supraterrestres, c'est l'*ego* qui se porte désormais garant du sens, et nous le sécrétons avec un tel stakhanovisme que nous ne pouvons plus nous distancier de nos propres productions. Triste logique : ce sens qui ne vient que de nous, fait de moins en moins sens à nos propres yeux...

Le problème de la « quête de sens » tient largement à la manière dont on la conçoit : comme une « ruée vers l'or », comme s'il s'agissait d'un trésor, d'un bien extérieur que l'on pouvait acquérir par une certaine action. Cette « ruée vers le sens », nous l'imaginons comme un processus, et sans aucun doute s'agit-il là d'une de ces « diableries » dont l'esprit est coutumier pour exister à travers son activité. Tout se passe comme si l'esprit ouvrait un dossier « recherche de sens », qui nous capture et prend la place d'une quête vraiment personnelle. Cette quête mentale nous parasite, et finalement nous éjecte de notre position de récepteur : c'est ainsi que nous ne nous trouvons jamais au rendez-vous du sens.

Comment a lieu la « sortie de route » ? a) Nous projetons nos idées vers l'extérieur ; b) nous nous identifions à elles ; c) ce faisant, nous devenons dépendants, voire esclaves de ces idées, car nous pensons que notre être se joue dans le fait de les détenir, les entretenir et les développer ; d) le sens récupéré en bout de course ne nous nourrit pas, parce qu'il ne nous concerne plus vraiment ; parce que, produit par un processus, il ne « parle » plus au questionneur que nous étions encore quand nous posions une question pour nous-mêmes…

Le Rav Kook, un sage du XXe siècle, décrivait avec acuité cette usure qui émiette l'homme au cours de son action. Se fondant sur le récit biblique du jardin d'Éden, il faisait observer que, dans leur statut primitif, les arbres étaient à la fois « beaux à voir et bons à manger[11] », autrement dit intégralement consommables. Après la sulfureuse conquête

11. Gn 2,9.

du fruit par Adam et Ève, l'arbre et le fruit deviennent distincts. Le Rav Kook y voyait l'image de la scission qui s'immisce en l'homme dès lors qu'il s'avise de poser des objectifs dans le monde : un abîme inévitable entre l'effort et le résultat. Une lassitude, une fatigue existentielle, parfois, entre notre volonté de mordre le monde et notre impuissance à simplement être... C'est cela, l'éclatement de l'arbre : loin d'une beauté à contempler, à respecter, à chérir, nous ne voyons plus les fruits que comme des objectifs, et les arbres comme des supports de production...

Il en va de même pour la « quête du sens ». À programmer celle-ci comme une démarche productive, nous laissons les grilles et les processus prendre la main sur nos désirs. Nous devenons les ventriloques d'idées préconçues par d'autres, et nous nous les répétons, comme des mantras, pour nous convaincre qu'elles sont les nôtres.

À l'inverse de cette logique, le sens doit son impact, sa fraîcheur, son « goût » (en hébreu, le « goût » et le « sens « sont un même mot : *ta'am*) au génie d'une certaine passivité, au fait d'être « reçu ». Le problème du sens n'est pas de le *trouver*, de « trouver du sens », mais de se laisser en position de le recevoir. Le sens n'est pas une denrée, mais un effet de la disponibilité. Héraclite le savait déjà, pour qui « le maître de l'oracle de Delphes ni ne dit ni ne cache rien, il donne des signes[12] ».

12. Fragment 143.

Troisième partie

Cinq respirations

S'ouvrir à la spiritualité, aujourd'hui, signifie ouvrir notre humanité à une perspective plus large que le projet moderne, plus ample que la domination de l'esprit, de la volonté et du contrôle. De manière prosaïque, plongés au cœur de la révolution technologique, il s'agit aujourd'hui de ne pas *nous laisser faire*. Expression à entendre dans toute sa force littérale : ne pas nous laisser « faire », ne pas nous laisser, nous les êtres humains, devenir des « faits », de simples données, des variables, d'ajustement ou de désistement.

Résilience : voici le maître mot de cette troisième partie. Une citation d'Erwin Panofsky en éclaire l'esprit : « Le sens de l'humour [...] repose sur le fait qu'un homme qui prend conscience que le monde n'est pas exactement ce qu'il devrait être ne cède pas à la colère. [...] Cet humour-là, qui est créateur plutôt que destructeur [...] réclame une supériorité et une liberté d'imagination en nul point inférieures à la supériorité et à la liberté du philosophe critique[1]. » Et ce proverbe yiddish lui ajoute

---

1. Cf. Gérard Rabinovitch, « L'humour (juif), un trait civilisationnel », *L'éclaireur* n° 18, décembre 2022 [p. 31-35], p. 34-35.

sa touche de modestie moqueuse : *« Man tracht, un Gott lacht »*, « l'homme fait des plans et Dieu rit ». Après tout ce que nous avons remué, déconstruit, analysé jusqu'ici, cela ne signifie pas qu'il faut abandonner la partie, mais précisément, sans trop réfléchir, livrer notre part de générosité. Détourner l'ironie pour la tourner vers la bienveillance ? Dieu, semble-t-il, nous y encourage : « Dieu ne rit pas de ses créatures, il rit avec elles[2]. »

Après avoir tenté de qualifier la crise spirituelle de notre temps, je me vois assez peu donner ici des conseils de vie, ou des recettes pour en sortir. Je sais en revanche de manière certaine combien les ressources de la tradition biblique sont un trésor, le livre des « choses premières », disait Levinas. Et si cet ouvrage a pour espoir d'alléger le fatras de nos *ego* et de nos objectifs, qui n'ont qu'un effet, empêcher le monde de respirer, alors je me verrais bien proposer quelques « respirations ». Ces respirations, on ne m'en voudra pas de les puiser à des notions-clés de la tradition juive ; non qu'elles captent de manière exclusive le souffle biblique, mais simplement, ce sont celles que je connais le mieux.

Cinq respirations. « L'âme » (*Nefesh*) dira tout d'abord la musique de nos intériorités. Le « retour » (*Teshouvah*) magnifiera notre souplesse d'âme, notre capacité à « revenir » sur nos actes. « Tu feras et tu entendras » (*Na'assé ve-Nishma)* éclaircira le rapport souvent toxique entre la sur-information et la paralysie à choisir. La « réparation » (*Tikkoun*) pose

2. TB, traité Avodah Zarah. Cité dans *L'éclaireur* n° 18, *op. cit.* (issu de « Qu'est-ce que le baroque ? »).

l'index sur la maladie du siècle, le ressentiment, pour en extraire les harmoniques de la bénédiction. Le « sens » (*Ta'am*), enfin, tentera de nous réconcilier avec le goût de la vie. Le ton sera ici plus narratif, moins soucieux d'analyse, plus joyeux peut-être. Plus près de nos humanités. Cinq respirations, non pour convaincre, peut-être pour espérer, mais surtout pour se souvenir de respirer.

9

Conscience et intériorité (*Nefesh*)

Nefesh : on traduit généralement le mot par « âme », mais c'est un contresens. *Nefesh*, en hébreu, c'est l'« individu », l'unité psycho-physique constituée d'une âme et d'un corps. Les deux sont inséparables jusqu'à la mort qui, précisément, les sépare. Pas de dualisme dans la conception hébraïque, comme chez Platon, où l'âme est un tombeau pour le corps ! Dans la Genèse, Dieu crée l'homme en le dotant d'un souffle qui le fait devenir *nefesh 'hayah*, un « corps-âme vivant[1] ». Ce souffle, considèrent les commentateurs, comprend le langage, et l'on pourrait citer ici le « parlêtre » cher à Lacan, tant il est proche de ce qu'exprime l'hébreu. Par ce triple fil d'âme, de corps et de langage, *Nefesh* incarne le principe d'ancrage de soi, propre à l'approche spirituelle.

*

1. Gn 2,7.

Pas de terre promise pour les espions

En 1978, après une série d'expériences avec un chimpanzé, deux psychologues américains, David Premack et Guy Woodruff, introduisent une notion-clé : la « théorie de l'esprit » (*theory of mind*[2]). « Avoir une théorie de l'esprit », dans leur vocabulaire, désigne la capacité de l'homme non seulement à se représenter des objets, mais d'avoir également une représentation des représentations d'autrui. Pour beaucoup, cette faculté distingue l'homme de l'animal. Un chien est capable de penser à un os, mais incapable de penser qu'un autre chien désire ce même os.

Il est fascinant que cette notion ait un précurseur dans la Bible, dans un épisode du Livre des Nombres connu sous le nom d'« épisode des espions[3] ». Celui-ci a lieu au moment où le peuple d'Israël, sorti d'Égypte depuis une bonne année, se trouve à quelques encablures de la terre de Canaan pour la conquérir. Moïse s'avise d'envoyer auparavant un groupe d'espions pour juger de la qualité du territoire et de ses défenses. Il constitue un groupe comprenant les chefs des douze tribus, dont Josué et son serviteur Caleb. Cet épisode, il ne le sait pas encore, va s'avérer la plus grande catastrophe de tout l'Exode. Contre toute attente, dix des explorateurs à l'exception de Josué et de son serviteur, livrent un témoignage désastreux, totalement défaitiste quant à la possibilité de conquérir cette terre, actant ainsi une rébellion explicite contre le

---

2. David Premack et Guy Woodruff, "*Does the chimpanzee have a theory of mind?*", *Behavioral and Brain Sciences*, vol. 1, n° 4, décembre 1978, p. 515-526.

3. Nb 13.

projet divin de « terre promise ». La punition sera terrible : cette génération, appelée à errer quarante ans dans le désert, y mourra jusqu'au dernier. Seule une génération nouvelle entrera, elle, en Canaan, précisément sous la houlette de Josué et Caleb, les seuls à avoir livré un témoignage positif…

Le point qui m'intéresse est ce moment où les espions concluent leur témoignage : « Le pays que nous avons parcouru pour l'explorer est un pays qui dévorerait ses habitants ; quant au peuple que nous y avons vu, ce sont tous gens de haute taille[4]. » Puis : « Nous y avons même vu les *Nefilîm*, les enfants d'Anak, descendants des *Nefilîm* : nous étions à nos propres yeux comme des sauterelles, et ainsi étions-nous à leurs yeux[5]. » Trois modes de témoignages, trois degrés d'objectivité se donnent à voir ici, dont le dernier représente clairement une sorte de « vrille » psychologique. À la première mention, relativement objective (« des gens de haute taille »), suit une description déjà plus subjective, un ressenti négatif (« nous étions à nos propres yeux comme des sauterelles »), pour déraper ouvertement en fantasme (« et ainsi étions-nous à leurs yeux ») ! Pure supposition déguisée en descriptif, où les explorateurs s'annihilent pour se glisser dans le regard de l'autre, et théoriser leur propre infériorité. C'est bien de la capacité à avoir une « théorie de l'esprit » dont parle ici la Bible. Une faculté puissante, mais au revers tout aussi ravageur : nourrir une vision destructrice de soi-même via le regard supposé de l'autre… L'histoire est instructive : elle

4. Nb 13,32.

5. Nb 13,33.

nous démontre, pour ainsi dire, comment l'esprit, dans sa possible sophistication négative, parvient aux antipodes du principe d'ancrage !

« Tu choisiras la vie » – Choisir le choix

La Bible croit à la liberté de choix. Être ancré passe aussi par des choix, comme l'atteste ce fameux passage biblique, connu pour sa conclusion forte et univoque : « Tu choisiras la vie ! » La manière, pourtant, dont ce choix nous est présenté a quelque chose de déroutant, quelque chose d'une supercherie… « Vois, je te propose en ce jour, d'un côté, la vie avec le bien, de l'autre, la mort avec le mal[6] […] J'en atteste sur vous, en ce jour, le ciel et la terre : j'ai placé devant toi la vie et la mort, le bonheur et la calamité[7]… » Et la Bible d'ajouter, non sans humour : « Choisis la vie[8] ! » Est-ce là un vrai choix ? Pourquoi la Bible prend-elle la peine de proposer une alternative aux options aussi claires, un choix aussi évident, pour exiger *in fine* de *choisir* l'évidence ?

Le texte nous livre, en fait, une leçon sur la nature de la liberté. Il nous invite à déconstruire le regard, à percevoir ce que signifie « choisir », non pas en portant attention à *l'antérieur* de la décision, du côté des causes, mais *sur l'après* du choix, sur ce que signifie *le fait de l'avoir choisi*. Le Talmud, à ce sujet, enseigne un paradoxe : « Plus grand

6. Dt 30,15.

7. Dt 30,19.

8. *Id.*

est celui à qui l'action est imposée et qui l'accomplit, que celui à qui rien n'est imposé et qui l'accomplit. » Choisir, pour la tradition, ne veut pas dire se situer à la *source* du choix. Choisir, c'est accepter de prendre sur soi ce qui seul a de la valeur.

La subtilité de cette leçon biblique nous conduit à comprendre que ce ne sont pas les deux options proposées qui sont l'objet du choix. C'est *le choix lui-même* qui est l'objet du choix. Il ne m'est pas demandé d'éliminer l'une des deux options, il m'est demandé, bien entendu de suivre la seule option possible, mais une fois cette option acceptée, *de lui donner la valeur d'un choix*. Il m'est demandé non pas de « choisir », mais de *« choisifier »* !

Cette opération, qui à première vue a tout du tour de passe-passe, est caractéristique de ce que la spiritualité appelle « référence à Soi » – par opposition à la « référence à l'objet ». Une posture « référence à l'objet » traite toute situation de manière extérieure. Quand survient une bifurcation, une situation de choix, celui-ci ressemble alors à une *sélection*. C'est *extérieurement* que l'esprit élimine l'un des deux chemins. Tout se passe, en fait, comme si le choix n'avait jamais été vécu, intégré de manière personnelle, mais seulement acté au niveau du mental, raison pour laquelle il reste « suspendu », par la suite, dans l'esprit, constamment sujet au doute quant à son bien-fondé. Une conscience de Soi, par contraste, *n'aura pas besoin de choisir* ; elle a juste à suivre l'évidence, et la vivre au niveau de la conscience. Nous touchons ici à la dimension de l'intériorité.

Le magistère de l'intérieur

La dimension intérieure apparaît de manière profonde lors de la fête juive de Rosh ha-Shanah, qui signifie « tête de l'année » et désigne le nouvel an[9]. Rosh ha-Shanah a tous les attributs d'une fête évidente, où au changement de millésime – de 5783 à 5784 à l'heure où j'écris ces lignes – est associée la célébration de la création de l'homme. À y regarder de plus près, pourtant, Rosh ha-Shanah est ancrée dans de profonds mystères, qui font écho aux harmoniques de l'intériorité. C'est cette intériorité qui permet à Rosh ha-Shanah de déployer ses deux thématiques les plus puissantes : celle d'un jour de création, et celle d'un jour de jugement.

La thématique du jour de jugement s'ouvre, pour la tradition, par une formulation presque enfantine. À Rosh ha-Shanah, nous dit-on, trois livres sont ouverts : « Un pour les méchants parfaits, un pour les justes parfaits et un pour les moyens. Les justes parfaits sont immédiatement écrits et scellés pour la vie, les méchants parfaits sont immédiatement écrits et scellés pour la mort. Les moyens restent en suspens entre Rosh ha-Shanah et Kippour : s'ils se révèlent méritants, ils sont inscrits pour la vie, s'ils ne le sont pas, ils sont inscrits pour la mort[10]. »

Le problème est donc le suivant. À Rosh ha-Shanah, le croyant se tient sur le seuil. Le jugement s'exerçant

9. Celui-ci intervient entre septembre et octobre de chaque année. La date est flottante, car elle se détermine par rapport au cycle de la lune, alors que nos calendriers suivent le cycle solaire.

10. Rosh ha-Shanah 16b ; cité par Jacky Milewski, *Les convocations d'automne*, PUF, 2011, p. 47.

selon une double direction, le passé et le futur, il est en quelque sorte coincé entre ces deux dimensions : un passé déjà inscrit, dont nous ne pouvons rien effacer, et un futur par définition insondable, voire improbable. Comment sortir de l'impasse ? Rosh ha-Shanah ouvre une troisième dimension, salvatrice, qui va permettre le jugement.

Mais avant d'en dévoiler la teneur, j'aimerais rapporter une histoire qui expose, précisément, la possibilité de révéler une telle dimension cachée – non par métaphore littéraire, mais de manière concrète. Nous savons que certaines recherches théoriques en physique travaillent sur des hypothèses de monde à n dimensions – jusqu'à 12 dimensions –, autrement dit bien au-delà des trois dimensions de notre vie de tous les jours. Pour rendre compte de leur réalité, dont nous ne sommes pas conscients, prenons l'exemple suivant. Imaginons un homme qui marche sur une corde, positionnée à trois mètres de hauteur. Pour cet homme n'existent que deux dimensions : avancer ou reculer, vers l'avant, ou vers l'arrière. Aucune autre dimension n'existe pour notre camarade funambule ; plus exactement, toute autre possibilité (aller vers le bas, par exemple, autrement dit chuter) signifie la fin de son expérience, et vraisemblablement, de son existence. Pourtant, une troisième dimension existe bel et bien. Imaginons, maintenant, une fourmi qui se promène sur cette même corde. Tout comme son acolyte funambule, elle dispose de la dimension de l'« avant » et de l'« arrière ». Sa petite taille, toutefois, lui permet d'en expérimenter une troisième : l'épaisseur de la corde, son diamètre, dont elle peut tout à fait entreprendre de faire le tour. Pour la fourmi, la rotondité, l'épaisseur de la corde est une troisième dimension praticable, elle fait partie de son expérience et de ses choix possibles. De la même manière, pour nous autres êtres humains, les dimensions de notre expérience sont déterminées par les possibilités pratiques que nous pouvons imaginer vis-à-vis du monde. Notre conscience ne nous fait pas voir les dimensions cachées de l'existence – qui pourtant existent – parce que tout simplement nous n'en avons pas besoin.

Si l'on applique, maintenant, cette « loi existentielle » à la situation de jugement de Rosh ha-Shanah, il apparaît que nous nous trouvons dans la situation du funambule. Notre marge de manœuvre y est réduite à deux dimensions, assignée aux deux catégories massives, et en un sens indépassables de notre existence quotidienne : le passé et le futur. Mais Rosh ha-Shanah n'est-il pas le jour de la création de l'homme ? Il l'est, dans un sens très précis : le jour où sa dimension cachée lui est révélée – celle de notre intériorité.

Face aux masses de granit du passé et de futur, la dimension cachée, c'est celle de notre intériorité. La perspective qu'elle ouvre ne nous cantonne plus au calcul binaire de l'avant ou de l'arrière, mais ouvre une direction vers nous-mêmes, vers un intime dont les infinies ressources ne dépendent plus de causes, mais de notre conscience.

L'espace extérieur, lui, fonctionne toujours à l'image du Psaume 90,12 : « Apprends-nous donc à compter nos jours, pour que nous acquérions un cœur ouvert à la sagesse. » Dans l'espace extérieur on compte, on soustrait et on ajoute, on brandit des objets visibles, on proclame joyeusement : « 5784 ! » – sans trop saisir ce que nous voulons dire par là… Mais dans l'espace intérieur, celui de la spiritualité, celui de Kafka où « tu es ta propre tâche[11] », règne une logique de l'infinie nuance. « À l'âme appartient une connaissance qui s'accroît elle-même », dit Héraclite[12]. C'est ici l'espace de notre vérité, de l'amour, une mathématique intérieure dont les signes ne sont plus l'addition ou la soustraction, mais une exacte position de la conscience.

« La volonté, a pu dire Schopenhauer, c'est la causalité vue de l'intérieur. » À Rosh ha-Shanah, la dure causalité du monde extérieur s'adoucit, en nous-mêmes, pour finir en intériorité. L'ancrage, le fait de revenir à moi-même pour faire coïncider, pour aligner mes valeurs avec ce qui m'arrive, semble la chose la plus simple. Mais parce que l'extériorité du monde, infiniment chatoyante, habille ses séductions par le magnétisme constant de la nouveauté, l'ancrage est en fin de compte l'option que nous délaissons toujours en premier… Le poète Paul Éluard le chantait pourtant : « Il y a un autre monde, mais il est dans celui-ci. » Cet autre monde, nous dit Rosh ha-Shanah, c'est nous-mêmes ! Alors que la célébration, au lieu d'enchaîner sur l'année suivante, sur le destin suivant, fait semblant de bégayer dans un changement de lune[13], Rosh ha-Shanah, ainsi, fait naître le jugement.

11. Franz Kafka, *Du bist die Aufgabe : Aphorismen* (dir. Reiner Stach), Wallstein Verlag GmbH, Göttingen, 2019.

12. Fragment 98.

13. Les mois sont lunaires dans le judaïsme, et le changement d'un mois sur l'autre se fait dans le bref temps d'invisibilité de la lune, juste avant qu'elle ne se remette à croître au mois suivant.

Dans la pliure du temps, Dieu se plie vers nous, nous nous plions vers lui, et du fond de ce que nous sommes, nous proclamons l'utopie d'un avenir de justice, pour tous et pour nous-mêmes.

10

Se réinventer (*Teshouvah*)

Teshouvah : généralement traduit par « repentir » ou « repentance », où s'entend l'interprétation chrétienne, le mot, en hébreu, signifie littéralement « retour », et « réponse ». « Retour » vers Dieu, certainement, mais avant tout, dans une démarche d'examen intérieur, retour sur nos actions. Possibilité de distancier nos vies de ce qui semble inscrit, indélébile, capacité à « revenir » sur les choses pour en percevoir une nouvelle « réponse », telle est, plus que le label « religieux » ne le laisse supposer, la dialectique de la *teshouvah*.

Cette perspective, assurément, pose un défi logique. Entre déterminisme et liberté humaine, elle ouvre une passe étroite pour suggérer de bouger ses lignes intérieures, de se reprogrammer par des narratifs renouvelés. Elle pose, aussi, la question du pardon. Qui pardonne à qui ? En quoi Dieu peut-il être considéré comme pouvant pardonner ? Quelle est cette folle prétention du croyant à penser que la *teshouvah*, processus d'exigence personnelle, puisse être en quelque sorte validée et relayée par la bienveillance divine ?

*

L'une des meilleures histoires que je connaisse sur le pardon n'est pas due à Maïmonide[1], ni au Baal Shem Tov[2] ni à aucun autre rabbin hassidique, pourtant volubiles sur la question, mais au général Schwarzkopf. Le général Schwarzkopf, pour ceux qui s'en souviennent, est ce général américain qui, après l'invasion du Koweït par Saddam Hussein, commandait les forces de la coalition et l'opération *Desert Storm* lors de la guerre du Golfe en 1991. Quelques années plus tard, on lui posa la question de savoir s'il était envisageable, pour lui, de pardonner aux responsables des attentats du 11-Septembre. Après avoir réfléchi un instant, le général Schwarzkopf avait répondu,

1. Moïse Maïmonide (1135-1204) : autorité rabbinique, codificateur légal, philosophe, exégète et médecin. Il est sans conteste l'un des grands génies du judaïsme et de l'histoire humaine. L'un de ses ouvrages majeurs est le *Guide des Égarés*, une vaste tentative d'harmoniser les ressources de la philosophie et de la Loi juive au service de la connaissance de Dieu.

2. Rabbi Israël ben Eliezer (1698-1760), surnommé le « Baal Shem Tov » – litt. le « Maître du Bon Nom » – est un rabbin, fondateur du hassidisme, courant mystique du judaïsme. Dans une période de grande détresse marquée par les pogroms de 1648 qui avaient anéanti de nombreuses communautés juives en Ukraine, son enseignement prône la joie populaire et une religiosité profondément ancrée dans le quotidien en opposition à l'élitisme des autorités religieuses de son temps.

non sans finesse : « Ma conviction, c'est que Dieu pardonne. Mon job, à moi, c'est d'organiser la rencontre. »

Bilan moral à l'équilibre

L'un des grands moments, dans la tradition juive, où le croyant rencontre Dieu – espérons-le, d'une autre manière – est la fête de *Kippour*[3]. La pression y est à son comble, car à *Rosh ha-Shanah*, le jour de l'an juif qui intervient dix jours auparavant, la tradition veut que trois livres se soient ouverts. Le Livre de la Vie où les Justes sont inscrits directement, le Livre pour les désespérément méchants qui sont inscrits pour la mort et, enfin, la nombreuse cohorte dite des *beïnoni'im*, les « moyens », en hébreu, les cas intermédiaires. Non que le sort de ces derniers soit de tout repos ! Ils ne bénéficient, dans ce troisième livre qui leur est réservé – nous pourrions l'appeler le « Livre du *stand-by* » – que d'une inscription provisoire, en attente du jugement définitif. Obtiendront-ils la compassion du jury ? Il est à craindre que ce jury soit assez peu démocratique. Il se réduit à Dieu lui-même, adepte, semble-t-il, de la phrase de Clemenceau : toute commission doit nécessairement comporter un nombre impair, et trois, c'est déjà trop… !

---

3. *Yom Kippour*, le « jour de l'expiation », la fête la plus solennelle du calendrier liturgique juif, intervenant dix jours après *Rosh ha-Shanah*, le Jour de l'an (septembre/octobre). Donnant lieu au temps du Temple de Jérusalem à un rituel complexe dont les deux temps forts étaient celui du « bouc émissaire » et la proclamation, par le grand prêtre, du nom ineffable de Dieu dans le Saint des Saints, il est aujourd'hui un jour de jeûne et de prières, très suivi à la synagogue pendant vingt-cinq heures, y compris par beaucoup de juifs non religieux.

À ce sort incertain s'ajoute une autre difficulté, abordée par Maïmonide dans ses *Lois sur la Teshouvah* : « L'homme se considérera toute l'année durant comme à moitié coupable ou à moitié innocent. [...] S'il faute, il se fait basculer, lui et l'humanité, du côté de la culpabilité et provoque sa propre destruction. S'il réalise une bonne action, il fait pencher, lui et l'humanité, la balance du côté du mérite, et il entraîne pour lui et les autres le salut et la délivrance. »

Passage inspirant, à vrai dire, où s'entend une belle leçon de liberté. L'image est forte d'une balance constamment sur le fil, dont les plateaux oscillent entre délivrance et destruction. On pense à l'image finale de *Match Point* de Woody Allen, où la balle de tennis, sur le fil du filet, oscille et nous laisse stupéfaits, suspendus entre deux destins différents. Mais ce flou dans nos vies, tout à coup s'estompe, et devient net à la faveur d'une décision de notre part, d'un simple *Hinéni*, un simple « Me voici » frappé du sceau du courage et de la liberté. Oui, dans les pièces de monnaie de notre Dieu de justice, il y a bien deux faces : où la liberté est la face cachée du jugement !

Tout cela est assurément remarquable, mais comme pour les trois livres de *Rosh ha-Shanah*, c'est le troisième cas qui pose question. Maïmonide ajoute en effet : « Pour celui dont les actions sont parfaitement équilibrées (entre bonnes et mauvaises actions), son sort est suspendu jusqu'à *Kippour.* S'il fait *teshouvah* – s'il se repent –, il est scellé pour la vie, sinon il est scellé pour la mort. »

On trouvera peut-être la question de mauvaise foi, mais elle nous brûle les lèvres : en quoi le fait de ne pas se repentir est-il rédhibitoire, et condamne notre pauvre « homme moyen » à la mort, alors qu'il n'a pas augmenté, de manière comptable, ses péchés… ? Même si quelqu'un ne se repent pas, son bilan moral ne reste-t-il pas à l'équilibre ? Et dans ce cas pourquoi, *in fine*, la miséricorde divine ne fait-elle pas pencher la balance en faveur de la vie ?

Kippour et le chat de Schrödinger

Ce n'est ni vers Clemenceau, ni vers *Match Point* qu'il nous faut, cette fois, rechercher nos lumières, mais vers un chat. Ce chat n'est pas celui du rabbin, mais celui d'un célèbre physicien, Erwin Schrödinger, prix Nobel de physique en 1933 : le fameux « chat de Schrödinger ».

Préoccupé par les paradoxes qui apparaissent aux échelles infiniment petites de la matière, Erwin Schrödinger a imaginé, en 1935, une expérience de pensée dans laquelle un chat est enfermé dans une boîte. Une substance radioactive y est également placée, avec un dispositif qui tue l'animal dans le cas où la substance se désintègre. Tout le sel de l'expérience réside dans le fait qu'au bout d'un certain temps, il existe une probabilité égale que la substance soit désintégrée ou intacte, autrement dit une situation où deux états contraires co-existent *simultanément*. Comme le sort du chat est totalement solidaire de l'état de la substance radioactive, on peut en dire autant du chat : avant que l'ouverture de la boîte et un acte de mesure ne mettent fin à l'incertitude, notre félin se trouve lui aussi dans une telle superposition d'états : il est à la fois mort et vivant !

Rapportée à notre propos, cette petite fantaisie féline nous fait comprendre une chose : prendre une décision dans le domaine moral est l'équivalent d'ouvrir la boîte dans l'expérience de Schrödinger. En situation complexe, la décision volatilise, d'un seul coup, toute complexité, toute incertitude, toute ambiguïté. Mais le plus remarquable, c'est qu'elle ne le fait pas en ajoutant un élément qui ferait pencher la balance d'un côté ou de l'autre, elle change tout simplement le système lui-même. La décision n'est pas un apport quantitatif, une question de poids, elle est une question de choix. On comprend pourquoi, dans l'histoire de Maïmonide, faire *teshouvah* tranche le nœud gordien du pécheur. Faire *teshouvah* n'est pas trafiquer notre bilan comptable pour faire monter la statistique, mais adopter une nouvelle perspective. À l'inverse, ne pas faire *teshouvah* est pire que ne rien faire : c'est ne pas comprendre. Ne pas comprendre que Dieu, à Kippour, n'est pas dans la statistique du chiffre mais dans la dynamique du lien. Ne pas faire *teshouvah*, c'est s'enfermer dans la routine comptable, c'est ne pas saisir la perche tendue par Dieu : la possibilité de tout changer.

La possibilité de changer et non l'implacable loi de la causalité ? On pourrait s'étonner de cette sorte d'ardoise magique dont semble disposer à loisir la tradition. Benjamin Gross, dans un merveilleux livre, *Les lumières du retour*, consacré aux conceptions du Rav Kook[4] sur la *teshouvah*, en revient aux fondements de la vision hébraïque

4. Abraham Isaac ha-Cohen Kook (1865-1935), dit le Rav Kook (le « rabbin Kook »). Il fut le premier grand rabbin ashkénaze en terre d'Israël à l'époque du mandat britannique, un immense décisionnaire en droit talmudique (*halakha*), un kabbaliste et un penseur. Dans un environnement orthodoxe traditionnellement opposé au sionisme, il a tenté de penser les bases religieuses du sionisme.

du monde pour éclairer ces paradoxes. « Dans la Torah, écrit-il, point de thématique ni d'essai de définition, mais des expériences vécues qui donnent à penser, des récits, des symboles et des préceptes qui sollicitent une interprétation. C'est là que se révèle ce que l'on pourrait appeler un ordre ontologique, une concrétude différente de la réalité naturelle… [un] univers métaphysique qui situe l'homme d'emblée dans une relation personnelle à Dieu et détermine, préalablement à toute spéculation, un espace spirituel de rencontre et de dialogue[5]. »

La métaphysique de la Bible, ainsi, n'est pas celle de l'homme perdu dans le cosmos. Ni celle de l'homme superbement isolé, autonome en son empire, et qui se tourne, de temps en temps, vers le réel pour y faire son bilan de compétences. Si Kippour implique en effet d'examiner nos actes passés, cette journée a pour visée deux choses :

Comprendre, tout d'abord, que notre situation existentielle dans le monde n'est pas celle d'une physique, mais d'une conversation. Au-delà des forces qui nous sont nécessaires pour vivre, notre lien premier est avec notre Créateur. La seule question qui vaille, dans cette perspective, est celle que Dieu nous a déjà posée au jardin d'Éden, *Ayéka ?*, « Où es-tu ? » Le but n'est plus de tenir le score de nos actes, de jouer à l'apothicaire, mais de restaurer la proximité.

En second lieu, comprendre que cette bénédiction du lien implique une exigence : nous arracher au calcul nombriliste de ce que nous avons fait ou n'avons pas fait, et changer de regard. Ouvrir la boîte de Schrödinger,

5. Benjamin Gross, *Les Lumières du retour. « Orot haTeshuvah » du Rav Kook*, *op. cit.*, p. 12.

dissiper le brouillard de nos ambiguïtés afin d'y percevoir la conversation divine, pour oser inventer autre chose de nous-mêmes.

Ces deux appels de Kippour dessinent finalement pour nous la possibilité d'un trésor de plus en plus abîmé dans nos sociétés: la confiance. C'est ce que signifie, d'ailleurs, la racine du mot Kippour, *kaper*, *kapparah*, que l'on traduit par « expiation », mais qui au sens propre signifie « couverture ». À Kippour, Dieu nous « couvre », expression à faire sonner comme celle du combattant qui, sous le feu ennemi, dit « allez-y, je vous couvre ».

Rien de magique, ici, mais l'image nous dit qu'il y a toujours un arrière-plan dans nos vies, qu'en toute situation le tirant d'eau est toujours plus profond que l'on ne pense. Tout ne se joue pas dans l'urgence, le nez écrasé sur un réel sans profondeur. Tout ne s'épuise pas immédiatement à la surface des résultats pour nous assigner une gloire immédiate ou un opprobre éternel. En surface les choses sont ce qu'elles sont, mais dans un monde où le réel est conversation, dans un monde de lien, *« We don't take yes for an answer »*: aucun oui du réel n'est une réponse suffisante. Si le lien est endommagé, eh bien il faudra le restaurer, mais il ne disparaît jamais, sauf si nous décidons de l'oublier.

Le pardon tout comme la *teshouvah*, dans ce contexte, sont bel et bien des ressources humaines spécifiques à l'homme. Sans ressortir de l'ardoise magique, elles sont de nature à bouger les lignes de nos vies, engluées dans un déterminisme délétère. Le cynisme, dont maints penseurs miment à outrance la pose ennuyée, y sera battu en brèche. Ainsi de cette réflexion de Paul Valéry, trop belle, trop péremptoire pour être vraie : « Rappelez-vous tout simplement qu'entre les hommes il n'existe que deux relations : la logique ou la guerre. » Oui, mais le chat de Schrödinger est passé par là… Dans un monde de lien, dans un monde de *teshouvah* où la décision aime à fournir des conséquences à la liberté, nous avons alors la liberté d'opposer l'amour à la logique ! Et dans un monde de guerre, de ne jamais désespérer de la perspective de la paix.

11

Faire ou savoir (*Na'assé ve-Nishma*)

« Tu feras et tu entendras » (*Na'assé ve-Nishma)* est la réponse des Israélites au mont Sinaï lorsque Moïse leur propose la Loi : « Et il prit le livre de l'Alliance, dont il fit entendre la lecture au peuple et ils dirent : "Tout ce qu'a prononcé l'Éternel, nous le ferons et l'entendrons" » (Ex 24,7).

Maxime centrale de la pensée juive, elle a été diversement interprétée, ne serait-ce parce que *nishma* peut signifier – comme en français – aussi bien « entendre » que « comprendre ». *A minima*, elle indique le lien complexe et indissoluble entre la dimension pratique et la dimension intellectuelle, et leur égale dignité – une affirmation loin d'être triviale dans le contexte de la pensée occidentale, qui a toujours donné préséance à la dimension intellectuelle.

*

L'une des grandes illusions technocratiques consiste à penser qu'agir, c'est appliquer un modèle d'action au réel. Cette phrase de l'informaticien Jan van de Snepscheut, que nous avons déjà rencontrée au chapitre 4, en est le parfait antidote : « *In theory, there is no difference between theory and practice. But, in practice, there is*[1]. » Cette maxime a quelque chose d'un *koan*, ces merveilles de concision aporétique proposées par un maître zen à son disciple, tant elle évoque un dessin à la Escher, où l'extrémité d'un escalier qui monte s'aboute à un autre escalier, qui descend, en une jonction impossible. Pour livrer tout son sens, la maxime exige de lâcher la compréhension intellectuelle pour entrer dans la dimension pratique. Rien d'exceptionnel *a priori*, si ce n'est qu'en général nous ne comprenons pas ce que cela implique : lâcher, précisément, l'interprétation impliquée par l'approche intellectuelle et les questions qui en découlent, renoncer à la tentation de les résoudre.

Na'assé ve-Nishma (« Nous ferons et nous entendrons »), quelques millénaires avant Snepscheut, nous parle de cette dialectique. Nous la verrons à l'œuvre dans deux histoires clés de la Bible, le don de la Loi au mont Sinaï, et la construction du candélabre. Deux témoignages qui attestent combien le volontarisme, en matière spirituelle, est un contresens.

1. « En théorie, il n'y a pas de différence entre la théorie et la pratique. Mais en pratique, il y en a une. »

Moins savoir, mieux agir

L'un des passages les plus intéressants sur le lien complexe entre faire et savoir provient d'un épisode célébrissime de la Bible : la sortie d'Égypte. Moïse, après avoir vaincu la résistance de Pharaon à la faveur des dix plaies – la dernière, la plaie des premiers-nés, touche directement Pharaon avec la mort de son fils –, obtient du tyran le « bon de sortie » du peuple hébreu (*« Let my people go ! »*). Les jours qui précèdent font l'objet d'un récit serré, où il est demandé aux Israélites d'acquérir un agneau, puis, la fameuse nuit du départ, de l'immoler et de le consommer. Le verset précise alors : « Et voici comme vous le mangerez : la ceinture aux reins, la chaussure aux pieds, le bâton à la main ; et vous le mangerez à la hâte, c'est la pâque en l'honneur de l'Éternel » (Ex 12,11).

Nous sommes ici en terrain connu ! Le narratif traditionnel est en effet bien rodé, qui enseigne que nous mangeons aujourd'hui du pain azyme pendant les huit jours de la fête de *Pessah* (la Pâque juive) parce que nos ancêtres sont sortis, comme le dit le texte, *bé-'hipazone*, « à la hâte », et que la pâte des pains n'a pas eu le temps de lever. Impeccable plongée mémorielle, à un détail près, qui vrille notre récit d'une incohérence majeure : le « verset de la hâte » est en fait prononcé bien avant que la libération n'ait lieu. Il est l'annonce, par Dieu, de la façon dont les choses vont se passer ! Le passage : « et vous le mangerez à la hâte. » n'est donc pas le « reportage », en direct, de la panique et du manque de temps, mais l'annonce divine d'une hâte pour ainsi dire programmée ! Les Israélites ne sont pas sortis précipitamment parce qu'ils étaient surpris. Non seulement ils étaient prévenus du départ, mais également informés de leur départ « à la hâte »!

Experte en débusquage d'incohérences, la lecture juive des textes voit ici une invitation à penser le verset au-delà de son sens littéral. Comment comprendre l'oxymore d'une hâte programmée? La clé consiste à comprendre la « hâte » non comme une notion temporelle, qui caractérise le *temps* de l'action, mais comme un *type* d'action. Deux textes me serviront ici pour éclairer cette affirmation.

Le premier est la *Haggadah*, un récit élaboré par les rabbins entre 0 et 200 et qui, encore aujourd'hui, est lu le premier soir de la fête lors d'un repas familial. Fait remarquable dans ce récit, le nom de Moïse n'y est pas mentionné une seule fois! N'est-il pas pourtant le grand acteur de la libération, celui qui convainc Pharaon, fend la mer Rouge, porte le peuple jusqu'au mont Sinaï pour y recevoir la Loi? Son absence de la *Haggadah*, toutefois, n'est pour les commentateurs nullement fortuite, mais destinée à marteler un point central: c'est Dieu lui-même et non un homme qui a libéré le peuple, et les Hébreux n'auraient pris « aucune part active à leur libération[2] ». Cette interprétation, qui tord à l'évidence le texte biblique, trouve une fascinante justification chez le rabbin Irving Greenberg[3]. À ne laisser que les forces humaines jouer librement au sein de l'histoire, observe-t-il, la probabilité

2. Artscroll. Joseph Elias, *La Hagada de Pâque. Traduction et commentaires fondés sur les sources talmudiques, midrachiques et rabbiniques*, trad. Jean-Jacques Gugenheim, Les Editions Colbo, Paris, 1993, p. 75.

3. Irving Greenberg, *The Jewish Way: Living the Holidays*, Jason Aronson Inc. Publishers, 1998.

est quasi nulle qu'un peuple minuscule se libère d'une grande puissance comme l'était l'Égypte. La loi la plus sûre de l'humanité, insiste-t-il, est la domination de l'homme par l'homme, et plus encore l'intériorisation par l'esclave de la norme du maître. La novation théologique, ici, tient à ce que cette inexorable loi humaine, l'oppression du faible par le fort, se trouve pour la première fois invalidée dans l'histoire ! L'impact sera inouï pour toutes les civilisations et à toutes les époques… « La liberté : une idée neuve au Moyen-Orient ! » aurait pu dire Saint-Just.

Mais ce commentaire veut aussi nous faire entendre que la liberté n'est pas, finalement, un fruit de la volonté humaine. Là où la pensée moderne ancre la liberté dans une volonté autonome qui s'oppose au déterminisme naturel, la Bible inverse l'équation, et d'un pessimiste tranquille, affirme au contraire : le déterminisme le plus dur, celui de l'oppression politique, est du côté de l'homme, rendant la libération de l'homme par ses propres forces chose quasi impossible. Seul Dieu, extérieur à la sphère des volitions humaines, peut donc fonder la liberté – il la fonde, précisément, en réponse à l'incurable prédation humaine !

Revenons, maintenant, à l'effacement de Moïse dans la *Haggadah*, et à cette étrange « hâte » où le peuple « ne peut prendre part à l'événement ». Il devient clair que cette passivité exprime précisément l'esclavage, et que c'est exactement cela que désigne le *'hipazon*, la « hâte » : une captation de notre temps et de notre vécu. Ce *'hipazon* n'a pas un sens temporel, mais exprime une situation existentielle : savoir, mais ne pas pouvoir. Une situation où l'information, pourtant détenue à l'avance, ne nous donne pas le pouvoir de la vivre pleinement – et peut-être nous *empêche* de la vivre. Comme en exil de nous-mêmes, cette « hâte »-là nous exproprie de notre propre vie, nous expulse de notre propre temps.

Ce premier enseignement prend tout son relief, maintenant, lorsqu'on le met en perspective avec un autre passage, le don de la Loi au mont Sinaï, où les Israélites, alors qu'ils sont plus ou moins forcés de l'accepter, répondent par notre fameux *Na'assé ve-Nishma*, « nous ferons, et nous entendrons »! Ce qui frappe, ici, c'est l'inversion d'une évidence promue par la pensée occidentale pendant des siècles: l'idée qu'un bon « faire » dépend avant tout d'un bon « savoir ». La maxime hébraïque dit précisément le contraire!

Qu'est-ce à dire? La vision hébraïque suggère que le savoir et l'information peuvent brouiller, paralyser l'énergie même de la décision, jusqu'à l'empêcher. Par contraste, un état de flou cognitif préserve un facteur essentiel: la capacité à s'engager à partir d'une position de confiance. *Na'assé ve-Nishma*, ainsi, est l'exact inverse du *'hipazon*! Nos deux passages mis face à face, la « hâte » *versus* l'exclamation du Sinaï, on obtient une belle leçon sur ce que signifient esclavage et liberté. La servitude: savoir d'avance mais en être encombré – la version biblique de l'obésité informative. La liberté? Ne pas savoir, ou ne pas tout savoir. Ou plus exactement: posséder le degré de non-savoir suffisant, pour laisser intact le désir d'exercer sa responsabilité.

Cette leçon, la lumière, comme nous allons le voir, lui donne une élégante et puissante approbation.

Let the Sun Shine Up

Source inépuisable d'enseignements sur la spiritualité, la lumière est largement célébrée dans la tradition juive. Celle-ci lui consacre une fête qui dure huit jours, la fête de *Hanoukka*, dont le rite consiste à allumer, sur un chandelier spécial à huit branches, une lumière supplémentaire chaque jour. De même, le Livre des Nombres décrit de manière approfondie un des éléments centraux du tabernacle, la *ménorah*, le « candélabre » à sept branches, devenu le symbole du judaïsme. Dans l'esprit des sages, le tabernacle et son mobilier – autel pour les sacrifices, autel des pains, cuve d'ablution, autel des encens, « Saint des saints » – sont symboliques des divers aspects de l'homme, et de sa vie intérieure. Parmi eux, la *menorah* décrit ainsi nos lumières intérieures, notre capacité à la spiritualité.

Le passage qui lui est consacré débute ainsi : « Quand tu disposeras (*be-ha'alotékha*) les lampes, c'est vis-à-vis de la face du candélabre que les sept lampes doivent projeter la lumière[4]. » Ce qui retiendra mon attention ici, est un commentaire de Rachi[5] portant sur le début de notre verset : « Quand tu disposeras les lumières ». Que dit-il ? Que précisément le texte ne dit pas exactement cela, car une traduction exacte du mot *be-ha'alotékha* n'est pas « quand tu allumeras », mais « quand tu feras monter ». Le verset, ainsi, doit être lu « quand tu *feras monter* les lumières », ce qui déclenche la deuxième question de Rachi : « pourquoi

4. Nb 8,1.

5. Rachi (1040-1105), immense commentateur, champenois, de la Torah et du Talmud.

est-il écrit “quand tu feras monter” et non la formulation simple, attendue, “quand tu allumeras” ? » Sa réponse, laconique, demande elle-même à être élucidée : « parce qu'il est de la nature de la lumière de monter » !

En orientant notre conscience sur le fait que la nature de la flamme est de monter, Rachi nous dit que nous vivons dans un monde où les objets ont une essence, et que notre frénésie activiste n'a pas à créer un « doublon » de leur monde. Nous avons simplement à reconnaître cette essence, à nous y relier, et à la faire vibrer. Les phénomènes existent avant nous, et nul n'est besoin de leur extorquer des résultats, d'y produire notre *quantum* de violence pour, en prédateurs du monde, en soutirer nos effets désirés. Face aux phénomènes, face aux lumières existantes, notre mission, nous dit Rachi, est simplement de les accompagner, de les faire monter, pour nous élever avec elles.

Moins d'action et davantage de liens, nous dit Rachi. Moins d'information, plus d'audace et de liberté, nous dit Israël au pied du mont Sinaï. Snepscheut avait raison ! À moins que l'anecdote d'Einstein soit ici plus appropriée encore : « La théorie, disait-il, c'est quand on comprend tout mais que ça ne marche pas. La pratique, c'est quand ça marche et on ne sait pas pourquoi. » Et d'ajouter malicieusement : « Ici, on joint la théorie à la pratique : ça ne marche pas et on ne sait pas pourquoi ! »

12

De la colère à la bénédiction (*Tikkoun*)

Tikkoun: en hébreu, le mot signifie « réparation ». L'expression *tikkoun olam*, « réparation du monde », est employée comme un slogan emblématique de l'éthique juive. Théologiquement, le *tikkoun* implique l'acceptation du projet divin: l'idée que Dieu a créé le monde avec un projet, que le monde a donc un sens, et que nous sommes partenaires de ce projet – c'est la notion d'Alliance. Cette alliance n'est pas statique mais dynamique: si *tikkoun* signifie « réparation » et non pas « acceptation », c'est bien parce que l'état du monde incline assez peu à un contentement béat. Le monde est créé par Dieu, certes, mais il n'est pas parfait, notamment parce que le Créateur a pris un risque en nous octroyant la liberté, ce qui signifie liberté de faire le bien ou le mal. Il nous appartient donc d'œuvrer pour la justice, la vérité et la bonté. Nous verrons, dans les lignes qui suivent, comment le vaste registre des sentiments négatifs, la colère en particulier, peut être surmonté par le *tikkoun*, pour nous ouvrir à la bénédiction !

*

Prendre conscience que le monde est « épais », « entrevoir à quel point une pierre est étrangère, nous est irréductible, avec quelle intensité la nature, un paysage peut nous nier. [...] L'hostilité primitive du monde, à travers les millénaires, remonte vers nous » : telle est, pour Camus, la source de la colère[1]. La Bible lui reconnaît sa puissance d'expression en l'incarnant par un personnage, Nemrod (dont le nom, en hébreu, signifie « rébellion »). Constructeur de la tour de Babel, il apparaît en même temps que son contemporain Abraham, tous deux incarnant un choix de civilisation : la colère de Nemrod est précisément mise en contraste avec la voie hébraïque ouverte par Abraham, qui incarne le choix de la « bénédiction ».

Pour la Bible, pas de doute, la colère est contraire à toute humanité désirable. « Quand l'homme se met en colère, affirme Rav Avraham Sitbon, l'âme qui est en lui le quitte et est remplacée par un souffle dévastateur. » On raconte cette drôle d'histoire, qui dit le caractère tout autant destructeur que superficiel de la colère : L'« Alter de Kelm », un sage lituanien du XIXe siècle, possédait un manteau spécial qu'il appelait précisément l'« habit de la colère ». À chaque fois qu'il sentait la colère monter en lui, il cessait toute activité pour se faire un devoir d'aller le

1. Albert Camus, *Le mythe de Sisyphe*, Gallimard, Folio, 1981, p. 30.

porter. Mais le temps nécessaire pour le revêtir, à chaque fois, lui suffisait pour se calmer ! Cette sagesse vestimentaire nous fait remonter quelques milliers d'années en arrière, dans une histoire de bergers.

Douze bergers en colère

Nous sommes ici au début du récit biblique, dans le Livre de la Genèse. Jacob quitte la ville de Beer Sheva[2] puis la terre d'Israël, fuyant son frère Esaü à qui il vient d'usurper la bénédiction de l'aîné par le fameux troc « du plat de lentilles ». Sur le chemin de l'exil, Jacob arrive près d'un puits, où patiente un groupe de bergers, attendant que les troupeaux soient suffisamment nombreux avant de soulever la pierre circulaire qui bouche le puits – au Moyen-Orient, les sources d'eau étaient protégées par d'énormes pierres que l'on faisait rouler pour en libérer l'accès. La conversation s'engage (Gn 29,4-6) :

• Verset 4 : « Jacob leur dit : "Mes frères, d'où êtes-vous ?" Ils répondirent : "Nous sommes de Haran." » (Posons, ici – sans dévoiler la suite – que le mot-clé sera ici le mot « Haran ».)

• Verset 5 : « Il leur dit : "Connaissez-vous Laban, fils de Nahor ?" Ils répondirent : "Nous le connaissons." »

• Verset 6 : « Il leur dit : "Est-il en paix ?" Et ils répondirent : "En paix ; et voici Rachel, sa fille, qui vient avec son troupeau." »

2. Gn 28,10 à 32,3.

Scène vivace, où se donne à voir de manière touchante la socialité des bergers du Moyen-Orient de l'époque, mais dont le dialogue, en soi, ne dépasse pas le stade de l'anodin. La littérature du *midrash*, on le sait, aime à déconstruire les textes en jouant sur les mots. En jouant sur le mot « Haran », en l'occurrence, il va totalement transformer le dialogue en enjeu théologique, et en choix de civilisation. Haran, au sens premier, désigne une ville. Une ville-charnière, d'ailleurs, dans l'univers biblique, point de connexion, de bascule entre deux mondes, entre les versants est et ouest du Croissant fertile[3] : entre la Mésopotamie côté est, et la terre de Canaan côté ouest – territoire des actuels Syrie, Liban et Israël. Cette ville-charnière, Abraham y avait déjà séjourné en quittant la Babylonie ; elle est à nouveau décisive, cette fois, sur le chemin d'exil de Jacob. Mais revenons à notre récit. Pour en faire surgir un contrepoint étonnant, la clé de lecture appliquée au texte par le *midrash* va consister à lire *Haran*, la ville, en *'haron*, qui signifie colère.

Retranscrit et « sous-titré » selon la nouvelle perspective, notre dialogue devient alors :

• Verset 4 : « Mes frères, d'où êtes-vous ? » (demande Jacob).

Réponse des bergers : « Nous venons de *'haron*, de la “colère” [autrement dit : nous venons de la colère du monde, car à l'origine, il y a une grande colère générale

3. Le Croissant fertile représente une zone en arc de cercle contournant le désert de Syrie et courant de la Haute-Égypte au golfe Persique en passant par la côte syrienne, le sud de la Turquie, le nord de l'Irak et l'ouest de l'Iran. Il a été le couloir d'immigration de nombreux peuples, et le parcours d'Abraham tel que décrit dans la Bible.

de l'humanité, et nous, bergers, notre tâche, en tant que bergers de l'humanité, c'est d'apaiser cette grande colère de Dieu et des hommes].

• Verset 5 : (Entendu, répond Jacob), mais « Connaissez-vous Laban, fils de Nahor ? », autrement dit n'avez-vous pas entendu qu'existe la famille d'Abraham ? [Qui propose une voie différente de l'humanité, non pas l'apaisement d'un chaos initial, mais fondée sur la confiance, l'optimisme de la bénédiction, et travaille à engendrer une humanité de paix ?]

– Oui, nous le savons, répondent en substance les bergers [mais nous attendons d'être tous réunis pour commencer à œuvrer (avant de pousser la pierre pour avoir accès au puits)].

On reste sidéré par l'audace de ce *midrash*[4], et la force de distinction qu'il suggère entre deux voies de civilisation opposées. Cette divergence implique de poser la question : cette colère, d'où vient-elle ?

Unde ira ? – D'où vient la colère ?

La colère passait autrefois pour une indignité. Requalifiée en « affect » chez l'individu moderne, la voilà devenue un summum de dignité chez l'homme contemporain. « Indignez-vous ! » proclame le discours du jour. Un bon exemple de cette valorisation de la colère dans la

4. Cette lecture midrashique a magnifiquement été éclairée par Léon Askénazi dans son commentaire sur la parashah *Vayétsé*. *Cf.* Léon Askénazi, *Leçons sur la Torah*, Albin Michel, 2007, p. 102-105.

culture occidentale nous est donné par le philosophe Peter Sloterdijk qui, dans *Zorn und Zeit* (« Colère et temps[5] »), voit précisément dans la colère un des vecteurs principaux de la politique en Occident.

Sloterdijk part du couple de notions grecques *eros/thumos*[6], et fait observer que parallèlement aux affects liés à *l'eros*, tels le désir, la recherche de pouvoir, la possession, existent toute une culture des affects liés au *thymos*, telle la fierté, la colère, la vengeance, qui a été négligée par la philosophie là où toute la pensée politique occidentale pourrait être lue par ce prisme. Le coup d'envoi de la littérature en Occident, l'Illiade, rappelle-t-il, débute précisément par la « divine colère d'Achille ». Cette analyse rejoint, de manière surprenante, l'intuition de notre *midrash* : non seulement la colère serait bel et bien l'affect premier chez l'homme, mais le sens à donner à l'entreprise collective humaine, dont la politique, serait une tentative de domestiquer cette colère.

La Bible développe une autre conception de l'histoire humaine, et pourtant, la colère de Nemrod suscite une certaine compréhension de la part des commentateurs. Nemrod, en fait, est celui qui n'accepte pas l'inconstance de Dieu. Ce dernier n'est-il pas le Créateur du monde ? Son omniscience ne suppose-t-elle pas qu'Il savait parfaitement ce qu'il faisait ? Comment comprendre

---

5. Peter Sloterdijk, *Zorn und Zeit*, Suhrkamp, 2007.

6. *Eros* est la divinité primordiale de l'amour et de la puissance créatrice. Le *thumos* comme concept correspond au thymus, une glande du thorax. Lié aux émotions telles que la peur, la colère ou le désir, une définition générale demeure difficile car elle varie selon la construction théorique propre à chaque auteur.

que, changeant pour ainsi dire d'avis, Il efface sa création par le déluge, sacrifiant le monde vivant avant d'en proposer une seconde copie ? La révolte, le défi de Nemrod sera la tour de Babel : le premier « gratte-ciel » de l'humanité, qui exprime précisément sa volonté de défier Dieu en son domaine – dans les hauteurs. La tradition souligne cet ancrage de la colère en situant le lieu de la construction de la tour sur le mont Ararat[7] : à l'endroit exact où l'arche, après la décrue du déluge, avait échoué.

Nemrod instaure donc une civilisation technicienne, niant toute transcendance et ne comptant que sur ses propres forces. La tradition en livre une critique sévère, qui anticipe de manière prémonitoire la critique orwellienne de *1984*. Dans une telle société, avertit la Bible, le totalitarisme devient le prisme politique naturel ; l'homme, comptant pour quantité négligeable, se voit systématiquement sacrifié aux impératifs technocratiques de la construction, et leur langue unique[8], dont on pourrait penser *a priori* qu'elle unit les hommes, se réduit en fait à une pensée unique. Lorsque Dieu intervient pour disperser les langues, la tradition juive y voit non une punition, mais une bénédiction, l'aubaine de la multiculturalité et des nécessaires traductions, seules chances de faire droit à la diversité humaine.

7. Situé à l'extrême est de la Turquie actuelle, dans la région d'Anatolie orientale, sur le haut-plateau arménien.

8. Gn 11,6.

La voie de la bénédiction

Face au « paradigme Nemrod » se pose Abraham, qui vient initier l'« autre voie », celle que poursuivra la Bible: la destinée de l'histoire humaine dans une perspective de bénédiction. « Tu seras un type de bénédiction », affirme Dieu à Abraham[9]. Dans un monde détruit, post-déluge, celui-ci a le mérite de percevoir que subsiste un désir divin de poursuivre l'histoire humaine. Dans un Moyen-Orient de fer et de feu, où l'absence de justice le dispute à l'idolâtrie, il comprend également que l'écoute de la parole divine signifie un potentiel de croissance. En un sens très simple, telle est la bénédiction: une promesse, une confiance. Lorsque Dieu, en Gn 12,1, apostrophe Abraham et lui dit « Éloigne-toi de ton pays, de ton lieu natal et de la maison paternelle, et va au pays que je t'indiquerai », ce dernier inaugure un type de rapport nouveau entre l'homme et le monde: être capable de se mettre en mouvement, sans garantie ni certitude, pour placer sa vie dans la perspective d'un appel. Il convient de souligner ici que ce que l'on place volontiers sous l'étiquette du « croire », « croire en Dieu » si l'on veut, n'est en rien un « article de foi ». Il ne s'agit pas de croire en un objet extérieur que l'on appellerait Dieu, mais, comme le souligne Léon Ashkénazi[10], d'une nouvelle manière de se connaître soi-même. Telle est la révolution ouverte par Abraham dans ce Moyen-Orient jusqu'ici voué à la force: l'invalidation de la colère.

9. Gn 12,2.

10. Léon Askénazi, *Leçons sur la Torah*, *op. cit.*

On voit combien l'opposition entre Nemrod et Abraham conserve toute son actualité. Au-delà de la bluette biblico-pastorale, le dialogue de nos bergers engage deux manières divergentes de faire civilisation. La vision qui, d'un côté, ramène tout à une colère insatiable, joue en quelque sorte la facilité. Lui donner une dimension cosmologique, si considérable qu'elle devient quasi intraitable, et en déduire que l'humanité n'aurait d'autre choix que de se soumettre ou de se révolter : on reconnaîtra, aux côtés des déclinistes et des wokistes, la position typique de l'idolâtrie, toujours prompte, derrière l'excuse d'insolvabilité, à exonérer l'homme de sa responsabilité.

La conception biblique préfère partir du réalisme de l'incertitude, mais aussi de la confiance face à cette incertitude, pour promouvoir une posture adulte, créative et responsable devant l'opacité des événements. Ce renoncement au ressentiment signifie aussi que le problème de l'humanité n'est pas tant d'imaginer « traiter » la colère, mais, de manière plus fondamentale, de rechercher la fraternité.

13

Trois leçons sur le sens (*Ta'am*)

Ta'am : le mot, en hébreu, a un double sens intéressant, il signifie à la fois « sens », et « goût ». Les *ta'ameï ha-mitsvote*, dans la tradition juive, désignent un domaine de recherche axé sur le « sens », la « motivation » des commandements. Mais *ta'am*, c'est aussi le « goût » des choses, irréductible à chacun au sein de son expérience. Le « goût » de l'orange, par exemple, dont on se plaira à souligner le paradoxe suivant : tout le monde connaît le goût de l'orange. L'expression est immédiatement compréhensible par tous, parce que chacun a eu cette expérience. Cette expression, « goût de l'orange », est comme une pièce de monnaie, elle circule avec une valeur faciale objective, et pourtant nul ne saurait la définir avec exactitude, comparer son expérience pour savoir si autrui en éprouve la même sensation. Il en va ainsi du *ta'am*, sens et goût des choses, sens et goût de la vie : une fois renoncé à l'illusion de substance et de pérennité, leur volatilité et leur évanescence traversent nos vies pour les illuminer, les embaumer et les transformer.

*

Krishnamurti pose la question du sens de la manière la plus large : « L'homme a toujours cherché un quelque chose, au-delà de lui-même, au-delà du bien-être : un quelque chose qu'on appelle Dieu, ou la réalité, ou l'intemporel, que les contingences, la pensée, la corruption humaine ne peuvent altérer. […] L'homme s'est toujours posé, au sujet de l'existence, la question fondamentale : "De quoi s'agit-il, la vie a-t-elle un sens ?" Plongé dans l'énorme confusion des guerres, des révoltes, des brutalités, des incessants conflits religieux, idéologiques, nationaux, il se demande, avec un sens intime de frustration, comment en sortir, que veut dire vivre, et s'il n'existe rien au-delà[1]. »

Wittgenstein, quant à lui, aborde la question comme un fait lié à l'expérience humaine : « Ce qui caractérise l'esprit humain à son éveil, c'est qu'un phénomène possède pour lui un sens[2]. » Victor Frankl, enfin, après avoir survécu à Auschwitz, a consacré sa vie à penser cette question du sens dans nos vies. Dans son maître ouvrage *Quest for meaning*, il fait une distinction majeure entre la question que nous nous posons tous, « est-ce que la vie a un sens ? »

1. Jiddu Krishnamurti, *Se libérer du connu*, Stock, 1994, p. 7.

2. L. Wittgenstein, « Remarques sur le rameau d'or », in Ludwig Wittgenstein, *Philosophica III*, Mauvezin, TTER, 2001, p. 32 ; cité par Alain Supiot, *Homo juridicus. Essai sur la fonction anthropologique du droit*, Seuil, 2005, p. 35.

– mais dont il estime qu'elle est trop générale, mal posée, et sans réponse possible –, et la seule question qui vaille : savoir percevoir que la vie, en certaines circonstances, exige des choses de moi. C'est cette perception d'un « appel », d'une exigence, et notre réponse qui, toujours en situation, donne du sens à nos engagements et, par extension, à nos vies.

Le sens, ainsi, ne peut pas naître en dehors de nous-mêmes, en dehors du sujet, en dehors d'une situation. Les trois leçons suivantes nous en confirmeront l'insaisissable saveur – et l'insupportable manque.

Première leçon – Seules les histoires, et non les systèmes, produisent du sens

On raconte que lorsque le Baal Shem Tov avait une tâche difficile à accomplir, il se rendait à un certain endroit, au cœur de la forêt, en Podolie, allumait un feu et se plongeait dans une prière silencieuse. Par la force du lieu, par la force de sa prière, ce qu'il avait à accomplir se réalisait. Quand, une génération plus tard, le Maggid de Mezeritch[3] se trouvait lui aussi confronté à une tâche difficile, il se rendait à ce même endroit dans la forêt. Et il disait : « Nous ne savons plus allumer le feu, mais nous connaissons encore la prière. » Et ce qu'il avait à accomplir se réalisait. Une génération plus tard, Rabbi Moshe Leib

3. Dov Baer de Mezeritch, dit le Maggid de Mezeritch (Pologne, c. 1700-1772) est un maître hassidique, disciple du Baal Shem Tov. Il développe la pensée philosophique du mouvement, et, sous son autorité, le hassidisme acquiert ses lettres de noblesse en tant que nouveau courant du judaïsme.

de Sassov[4], lesté de semblables responsabilités, allait lui aussi vers la forêt. « Nous ne savons plus allumer le feu, disait-il, nous ne connaissons plus les mystères de la prière, mais nous connaissons encore l'endroit précis dans la forêt où cela se passait, et cela doit suffire. » Et cela suffisait.

Mais quand une autre génération fut passée, et que Rabbi Israël de Rishin[5] dut accomplir la même tâche que ses prédécesseurs, il resta dans sa maison. Avec une tristesse dans le regard, mais où la détermination n'était pas absente, il confia à ses disciples : « Nous ne savons plus allumer le feu. Nous ne savons plus dire les prières. Nous ne connaissons même plus l'endroit dans la forêt. Mais nous savons encore raconter l'histoire ! »

Et ce qu'il avait à accomplir se réalisa.

Cette histoire nous parle d'un temps où la transmission était considérée comme une ressource vitale. La cohérence, d'une génération à l'autre, passait par le récit. Lorsque les sociétés modernes se sont construites, vers le XVIIe siècle, il ne s'est plus agi de tenir les collectivités humaines par un sens global puisé aux vérités religieuses ou métaphysiques, mais de placer toute la force de coagulation dans le système. Système du droit, système du contrat social. De nombreuses institutions en sont nées, des pouvoirs désormais séparés, et quantité de droits individuels régulant le mouvement collectivement confus des corps et

---

4. Rabbi Moshe Leib of Sassov (c. 1745-1807) fut l'un des premiers rabbins hassidiques en Europe de l'Est au début du XVIIIe siècle.

5. Israel Friedman de Ruzhyn (1796-1850), aussi appelé Israel Ruzhin, est un rabbin hassidique d'Ukraine et d'Autriche.

des individus. L'essentiel n'était plus de permettre le grand écho entre les vérités supranaturelles et la société, mais de stimuler la physique générale du mouvement, indépendamment de toute valeur morale.

De ce fait, les grandes institutions de la modernité n'ont pas été bâties pour apporter du sens. La science nous dit comment le monde fonctionne, mais pas pourquoi nous sommes sur terre, ni ce que nous avons à y faire. La technologie nous donne toujours plus de pouvoir, mais ne nous dit pas – ne cherche pas à nous dire – dans quel but l'utiliser, ni toujours à quoi elle sert. La technologie est régie par la « double clause d'inévitabilité » : 1) à partir du moment où quelque chose est imaginable, alors la chose doit exister ; 2) à partir du moment où la chose existe, alors on doit s'en servir. La question du sens n'est jamais posée. Quant aux marchés, autres institutions modernes, ils nous proposent des choix, des options, de la fluidité, en aucun cas des raisons de faire tel ou tel choix. Les démocraties modernes, enfin, se soucient avant tout de droits formels, et quand il s'agit de « fond », ce fond ne porte que sur des procédures cherchant à assurer un maximum de liberté personnelle. Nous nous plaignons de la disparition des grands récits ? Mais ils ne nous intéressent plus !

Ou peut-être l'avons-nous oublié : le sens ne provient jamais des systèmes, mais seulement des histoires. Alors racontons !

Deuxième leçon – Le sens ne nous appartient pas

Le sens ne nous appartient pas. Il n'a de sens pour nous que si nous savons que nous n'en sommes pas à l'origine. C'est ce que raconte cette histoire magnifique, tirée du film de science-fiction d'Andrew Niccol, *Bienvenue à Gattaca*. Dans ce film se trouve une réplique qui m'a toujours frappé, et dont la vérité énigmatique me semble avoir un lien secret avec cette question du sens : « Je ne pense jamais au retour. »

Résumons-en brièvement l'histoire. Dans un monde futuriste où la génétique, en une recherche obsessionnelle de perfection et de pureté, sert de norme absolue pour sélectionner les hommes, le scénario met en présence deux frères. Le premier, Anton Freeman, génétiquement parfait, a été programmé pour faire partie de la caste des êtres dominants. Son frère, Vincent Freeman, né de naissance naturelle, est quant à lui considéré comme génétiquement imparfait, et donc rejeté comme un paria par la société. Malgré ces destins tragiquement préfabriqués, Anton et Vincent gardent des liens fraternels et, comme des frères aiment à le faire, ils se lancent de temps à autres des défis. Ils aiment, entre autres, faire la course et, sur la plage, jouer à celui qui nagera le plus loin possible au large dans l'océan sans s'arrêter. Le perdant est celui qui abandonne le premier, et rebrousse chemin le premier. Contre toute logique, c'est Vincent, théoriquement déficient génétiquement, qui bat toujours son frère, supposé parfait. Un jour, ce dernier finit par lui demander : « Comment fais-tu ? As-tu un secret ? » La réponse de Vincent est inattendue, et saisissante : « Je ne pense jamais au retour… »

Cette anecdote m'inspire deux perspectives de commentaires. Tout d'abord, cette réplique, « Je ne pense jamais au retour », nous présente le moment du retour comme une phase fondamentale de toute réalité. Le « retour », ici, est un peu comme la face cachée de la pièce de monnaie : invisible, certes, mais son occultation, nécessaire, est la clé secrète, la condition *sine qua non* de la visibilité de la face visible. Plus intéressant encore, ce moment du retour n'est pas censé primer dans la conscience des deux frères ; l'important pour eux, au moment de l'action, c'est l'effort à produire. Et pourtant le paradoxe, on l'aura compris, c'est cette présence en creux du « retour », qui finalement décide du sort de l'événement. C'est même, pourrions-nous ajouter, le moment où l'un des frères « lâche » la pensée du retour que se réalise la possibilité d'un aller plein. La marche du monde, ses succès, ses accomplissements seraient-ils moins dictés par ses « pleins » que par ses « déliés », ses faces cachées ?

La tradition religieuse peut ici nous apporter quelques lumières. L'une des originalités de notre « *midrash* Gattaca », en effet, est de mettre en rapport deux notions fondamentales de la pensée juive, pourtant rarement associées côte à côte : la *halakhah* et la *teshouvah*. *Halakhah*, qui désigne la Loi juive dans son ensemble, signifie la « marche », la façon *d'aller* vers les choses, vers le monde. *Teshouvah*, nous l'avons vu au chapitre 10, désigne le fait de « revenir » vers Dieu, mais signifie littéralement « retour » et « réponse ». Ainsi, par cette réplique : « Je ne pense jamais au retour », notre course entre frères crée un lien inattendu entre le temps de l'« aller », de la *halakhah*, et le temps du « retour », de la *teshouvah*.

Or cette notion « d'aller et retour », nous enseigne le rabbin Adin Steinsalz, est une notion fondamentale de la kabbale[6]. Toute forme de vie, de la respiration à la notion la plus abstraite du temps, est pulsation, battement à deux temps, un aller et un retour. Notre « *midrash* Gattaca », en une leçon puissante, met donc en phases deux faces d'un même dispositif de vie et de sens. L'aller est plénitude de l'action, réglée par la volonté, l'effort et les perspectives attendues ; le « retour » – sans cesse nié par nos vanités démonstratives, est en fait le maître secret de nos âmes. Elle est notre limite, le signal apparent de notre abandon, mais, par là même, le don de tout ce qui n'est plus nous. C'est le monde, ici, qui prend le relais, et vient déposer, dans nos cœurs et dans nos âmes, le sens que nous ne pouvons plus produire – le seul sens qui ait du sens, parce que précisément nous ne pouvons pas le produire.

La profondeur de la phrase, « Je ne pense jamais au retour », nous apparaît alors dans toute sa force. Car ne jamais penser au retour, ce n'est bien évidemment pas en nier l'existence, mais simplement faire confiance à cette pulsation de vie – un « aller », un « retour », à chaque instant. Ce « Midrash Gattaca » nous dit qu'on ne peut « rechercher » le sens, au sens où nous pourrions *l'obtenir* comme le fruit de notre recherche. Les « allers » sont nécessaires, il faut en produire les efforts, mais nous devons le comprendre : ce n'est pas dans le *staccato* frappé sur l'instrument que naîtra le sens, c'est dans le silence qui suit, et le bruissement de ses harmoniques. Laissons donc les plis arrière de nos actions, tous ces temps de retour, venir

6. Tradition mystique du judaïsme.

se draper, en leur ultime course, aux creux de nos âmes. Le moment où nous lâchons sera le moment du retour, celui où le sens, comme sur des pattes de colombes, vient transformer nos vies.

Troisième leçon – Le sens revient toujours à l'envoyeur

Notre troisième leçon renvoie à la phrase de Wittgenstein, selon laquelle le sens n'apparaît que par le sujet. Il est même en quelque sorte « collé » au sujet, il concerne chacun de nous et personne d'autre que nous, comme nous allons le voir avec cette petite histoire.

Nous sommes à la fin du XVIIIe siècle. Reb Shmouel de Lizensk somnole à l'arrière d'une carriole bringuebalante – impossible de fermer l'œil, tant le chemin cahoteux de cette sombre plaine de Galicie le ramène aux dures réalités de son attelage –: à l'avant, Bounam, son fidèle serviteur et cocher, y fouette un pauvre cheval, pathétique version hassidique de la Rossinante de Don Quichotte, pour le faire avancer. Vu le halètement de la pauvre bête, se dit Reb Schmouel, c'est grand miracle si nous parvenons à Pletsk, le village voisin, avant l'entrée du Shabbat.

Reb Schmouel, il faut dire, y était attendu comme le messie. Il avait la réputation d'être un extraordinaire érudit, un conteur aussi, et dans toute la région, lorsque ce pittoresque équipage, carriole, cheval, rabbi et serviteur, débarquait cahin-caha dans le Shtetl, accueilli par les cris et les facéties des enfants, c'était là la promesse d'un Shabbat de paix, de joie et de profonde spiritualité.

Reb Schmouel y contait moult histoires et autres paraboles merveilleuses, répondait aux questions de *halakha* les plus épineuses, et c'est ainsi qu'envoyé du Bon Dieu après avoir lutté contre le vent, la boue et les brigands, il rassasiait les âmes simples comme les plus savantes pour y répandre les saintes lumières du Shabbat.

Quelques mois auparavant, cependant, Reb Schmouel avait proposé à son fidèle serviteur Bounam un bien étrange marché. Le regard plein de malice, il lui avait proposé d'inverser les rôles… Lui jouerait le rôle du serviteur, et Bounam prendrait sa place, comme rabbin, sur la *bima*[7], délivrant le sermon. Tu me suis depuis longtemps, tu connais toutes mes histoires et mes commentaires, avait assuré Reb Schmouel pour le convaincre. Et pendant que tu délivreras ton sermon de Shabbat, je resterai, quant à moi, à l'entrée de la *schule*[8] pour t'écouter, exactement comme tu fais. Bounam, tout d'abord, protesta, arguant de son incompétence.

— « Chantez un chant nouveau, comme disent les Psaumes ! » coupa Reb, notre sainte Torah nous enjoint de nous renouveler sans cesse !

Bounam, bon joueur, accepta.

De fait, il s'acquitta fort honorablement de sa tâche. Il est vrai qu'il les connaissait par cœur, les histoires de Reb Schmouel, et même ses petites combines lorsqu'il voulait esquiver une question. Reb Schmouel, maître en Torah devenu serviteur, assista ainsi pendant des mois aux

7. Estrade, dans une synagogue.

8. Inspiré de *Schule*, « école », en allemand, désigne une « synagogue » en yiddish.

performances de Bounam avec un discret sourire sur le visage, mélange de fierté – et de malice. Jusqu'à ce qu'arrive la situation inévitable…

Le moment de la question-piège.

De fait, l'équipage avait fini par arriver à Pletsk avant l'entrée du shabbat, et de l'avis de tous, c'était là un village de raisonneurs invétérés, grands coupeurs de cheveux en quatre devant l'Éternel. L'office avait parfaitement commencé, et Bounam, qui au fil des mois s'était enhardi dans son nouveau rôle, n'avait pas hésité à plaisanter. Au moment du commentaire, il avait commencé par s'acquitter des questions les plus épineuses, jusqu'à ce qu'un jeune étudiant, caressant sa barbe d'un air faussement maladroit, et, d'une voix chevrotante, lui pose une question sur le traité *Kinim*, « les nids », réputé l'un des plus difficiles de tout le Talmud. Cette question, Bounam ne l'avait jamais entendue, et pour autant qu'il se souvienne, Reb Schmouel ne l'avait jamais traitée.

Le serviteur jeta un regard de détresse en direction de la porte, mais comprit bien vite qu'il n'y avait guère de secours à en attendre ; une lueur d'intérêt avait surgi sur le visage de Reb Schmouel, et maintenant, ce dernier arborait un franc sourire de curiosité, « débrouille-toi ! », pour savoir comment son serviteur allait se sortir de ce mauvais pas.

Bounam se tassa légèrement sur lui-même, agrippant les coins du pupitre comme pour se donner des forces. Il se mit alors à hocher la tête, lentement, puis de plus en plus vite, comme pour montrer son incrédulité.

L'assemblée, ne sachant pas trop à quoi s'en tenir, le dévisageait intensément, tandis que l'étudiant faisait semblant de ne pas trop regarder dans sa direction, savourant d'avoir fomenté ce petit coup de Trafalgar talmudique, la flèche assassine qui, peut-être, ferait vacillait le géant de la Torah qu'était Reb Schmouel…

Bounam, relevant la tête, émit alors un petit rire. « Je peine à croire, lança-t-il en direction de l'étudiant, que tu aies posé une telle question. »

Puis, se tournant vers l'entrée de la *schule*, il désigna Reb Schmouel en un geste de triomphe, comme pour le prendre à témoin, mais surtout, pour lui passer la parole : « Oui, répéta-t-il, la question que tu viens de me poser est tellement simple, que même mon serviteur pourrait y répondre ! »

Chef-d'œuvre de malice, cette histoire éclaire un aspect fondamental, presque primaire du sens : le « sens » d'une question, c'est la « direction » qu'elle prend, vers qui elle flèche l'interrogation. L'irrésistible inspiration du serviteur parvient à le sortir du piège qui lui est tendu, non par l'esquive, mais tout simplement parce qu'il ramène la situation à son origine, à sa vérité. N'est-il pas remarquable que la question, finalement, fraye son chemin, et finisse par trouver son véritable destinataire ? Le sens est aussi une donnée qui circule, comme une monnaie dont on n'a pas besoin de vérifier à chaque instant la valeur, mais le *retournement* inspiré du serviteur Bounam inverse le « sens » de circulation, remet la question dans le bon « sens », dans la bonne direction, avec une force décuplée.

Si le sens, ainsi, ne naît jamais des systèmes mais des récits, s'il ne nous appartient pas, s'il se respire et ne se recueille qu'au creux de nos efforts, le sens n'est jamais la solution de quoi que ce soit. Il n'est ni solution, ni résolution. Le sens est une question, il regarde toujours ailleurs, mais ne concerne qu'une seule personne : nous-mêmes.

Trouver la verticalité
(*en guise de conclusion*)

En fin de compte, que nous arrive-t-il ?

Notre narcissisme nous empêche de voir ce qui nous arrive. Défiés par la rapidité et la puissance de calcul des machines, aveuglés par notre mauvaise nomination des phénomènes (« *intelligence* artificielle »), nous désespérons de cette concurrence qui, croit-on, vient nous débusquer précisément à l'endroit que nous pensions être le propre et le meilleur de l'homme : notre raison, notre intelligence. Nous feignons d'ignorer combien ce point de vue est extraordinairement réducteur, ne serait-ce que sur la notion d'intelligence, et, cécité supplémentaire, nous minorons nos innombrables autres vertus, notre pouvoir d'interprétation, notre fantaisie et notre gratitude, et notre génie propre : le fait que notre accès au réel se joue, non grâce à un brevet de logique, mais par la dignité, la verticalité, la méditation, la faille retournée en résilience et, comme nous le rappelle Roberto Juarroz, par la joie puissante du lien :

> « L'office de la parole,
> au-delà de la petite misère,
> de la petite tendresse en désignant ceci ou cela,
> est un acte d'amour : créer de la présence[1]. »

Freud, en son temps, avait parlé de la *Spaltung* (« scission », « clivage ») comme l'un de nos moyens psychiques essentiels au cœur de nos processus de défense[2]. Il se pourrait que la schizophrénie tactique dont j'ai parlé dans cet ouvrage, cet accoutrement bizarre entre l'*hubris* mentale, sa projection forcenée sur le monde, et la déconviction, voire la dépression, qui nous saisit face à l'obésité informative, en soit l'avatar le plus actuel. La schizophrénie, après tout, c'est être deux fois plus nombreux face à l'adversité…

Mais peut-être la schizophrénie ne suffit-elle déjà plus. Car la force de dissociation des nouvelles technologies et des réseaux sociaux, aujourd'hui, tient à la convergence de plusieurs phénomènes restés jusqu'ici indépendants. Les réseaux sociaux, je n'y reviens pas, sont programmés pour générer du conflit, créer une opposition perpétuelle entre des « eux » et des « nous ». La grande astuce de cette conflictualité permanente, on l'a vu, est qu'il n'est aucune substance derrière ces « eux » et ces « nous » ; il ne s'agit de personne en particulier, les catégories sont à chaque fois créées *ad hoc*, en fonction de la situation qu'il s'agit de polariser. Dès que le *zest* du *buzz* a suffisamment été pressé, le chapiteau est aussitôt démonté pour être dressé

---

1. Roberto Juarroz, « Poésie et réalité », in *Poésies verticales I-II-III-IV-XI*, Gallimard, 2021, p. 310.

2. *Cf.* Jean-Richard Freymann, *Éloge de la perte*, 2006, p. 73-90.

ailleurs, avec de nouveaux « eux » et de nouveaux « nous ». La dématérialisation généralisée des supports, par ailleurs, détruit la corrélation, autrefois essentielle dans la culture, entre les « idées » et les « faits ». Quand tout devient « sans contact », aucune valeur intellectuelle ou morale ne peut être stockée, et arrimée à un quelconque fait social. Il faudrait désormais, pour se souvenir du lien, lire des livres, ce que nous faisons de moins en moins. La déterritorialisation, enfin, de nos espaces mentaux et sociaux est dévastatrice : la possibilité d'habiter sur un territoire donné, mais de vivre mentalement à des milliers de kilomètres, y compris d'apprendre à détester, et de cultiver sa détestation vis-à-vis de la société qui nous accueille – achève le tableau d'une fragmentation générale. Le projet social à l'ancienne, qui rêvait de biens communs et d'histoires partagées, a vécu. Même l'individualisme, aujourd'hui, échappe à l'individu ; il n'y a plus personne pour « ramener tout le monde à la maison ».

Prenons un autre angle. Heidegger, en son temps, avait opposé la technique qui offre un simple moyen d'habiter la nature, un petit pont de bois, par exemple, qui relie les deux berges d'un fleuve, et le dispositif massif d'une centrale nucléaire qui, outre sa taille gigantesque, « arraisonne » les forces hydrauliques du fleuve dans un projet qui le détourne totalement d'un « habiter » la terre[3]. Selon son analyse, la notion même de « nature » en ressort travestie, requalifiée en « ressource », anémiée

3. Martin Heidegger, « La question de la technique », dans *Essais et conférences* [1954], Gallimard, 1980.

dans un nouveau réseau de préoccupations humaines où s'exprime avant tout le culte du chiffre et du quantifiable. Je ne commenterai pas la vision un rien passéiste qui sous-tend cette description, mais le raisonnement de Heidegger m'évoque une chose : nous avons en fait continué de vivre dans les deux mondes, celui du petit pont de bois et celui de la centrale nucléaire. Celui que nous surexploitons chaque jour pour satisfaire nos besoins croissants, et le monde tranquille de nos dimanches, celui de la petite balade en famille où nous nous promenons au bord de la rivière. Nous avons vécu ainsi, une bonne partie du XXe siècle, articulant les deux éclats d'un monde contradictoire, et nous les avons simplement rendus compatibles par un effort personnel supplémentaire, un chèque tiré sur nous-mêmes, une schizophrénie volontariste. Ô certes, ce fut une schizophrénie de petite ampleur, contrôlée, l'aimable arrangement de l'homme cultivé qui d'un côté vaticine sur les imprescriptibles besoins de la nation et la concurrence chinoise, et de l'autre, rêveur circonstancié du « dimanche », s'extasie sur ce pont pittoresque, qui d'ailleurs lui rappelle son enfance, et dont il aura à cœur de transmettre les émotions à la génération suivante.

Nous sommes, simplement, arrivés au bout de l'exercice.

L'ampleur de cette schizophrénie, depuis Heidegger, n'a cessé de croître, et notre capacité à en supporter la tension, de degré en degré, nous conduit au seuil fatidique de la cuisson du homard – nous sommes au bord de la rupture, et nous commençons à en afficher quelques rougeurs…

Même s'il est difficile de le démontrer, il y a un lien, à tout le moins un écho très fort, entre la fracturation de nos sociétés et la désintégration de l'individu telle que je l'ai décrite dans ce livre. Je pose ici la question de manière non rhétorique : savons-nous encore ce que signifie, individuellement, « nous tenir », et collectivement, « rechercher l'unité » ? Entre relativisme absolu, fatigue et trop-plein de subjectivités juxtaposées, plus aucune valeur ne s'impose comme plus légitime qu'une autre, et il y a fort à parier que « se tenir », « s'empêcher » comme disait Camus, et en effet « rechercher l'unité » sont là des valeurs ressenties par beaucoup comme purement incantatoires. Elles ont disparu de notre vocabulaire moral et politique ; parce que nous ne les avons plus enseignées, elles ne nous sont tout simplement plus désirables.

Et plus aucune question substantielle ne leur correspond…

Quelle est la question substantielle de notre temps ?

On pourra être surpris d'une telle question à la fin de cet ouvrage. En premier lieu : pourquoi « substantielle » ? Plus personne ne croit à la substance, au fait que les choses aient une substance ! Tout ne se dissout-il pas dans le formel, la communication, la volatilité des flux, dans les avatars magnétiques de l'économie de l'attention ?

Avant de tenter de répondre à la question, il est bon de se souvenir ce que furent les questions substantielles : de grandes questions rectrices, inspirantes, en surplomb d'une époque. Peu importe qu'elles aient été formulées, soit en leur temps par de grands penseurs, atrabilaires ou idéalistes, soit *a posteriori* par des historiens ou des lecteurs amoureux d'une autre époque que la leur. La force d'inspiration, en matière de questions substantielles, tient dans le parti pris de la hauteur de vue, dans l'ivresse du contraste entre la simplicité du trait de lumière et le tumulte laborieux de l'époque visée ; elle est celle de la folie du temps, un instant foudroyée par la beauté du jugement. Pour exemple, voici trois de ces perles substantielles. Florilège arbitraire, sans doute, parcimonieux, mais suffisant pour nous faire regretter de n'en être plus capables…

Ainsi de cette synthèse d'Henri-Irénée Marrou, qui d'une plume tranquille, énonce[4] : « Depuis le début de la période hellénistique, toute la philosophie antique s'est organisée autour du problème du Souverain Bien dans la possession duquel l'homme, réalisant sa Fin, connaîtra le bonheur. » Pour Augustin, le *summum bonum* n'est autre que Dieu[5].

Ainsi de Pascal. La hauteur de vue ? Notre capacité à lire dans la folie du monde l'ordre de la providence[6]. Le problème ? Ce désir censé nous orienter vers la fin ; car le désir est une privation, marqué par l'impossibilité d'en connaître le contenu[7]. La résolution : il faudra donc « se mettre en peine de rechercher la vérité »… Grandiose !

Ce bel exemple, enfin, de pensée substantielle chez Heidegger. Qui voit « l'événement majeur de notre temps »

---

4. Henri-Irénée MARROU, *Saint-Augustin et l'augustinisme*, Seuil, 2003, p. 65.

5. *Ibid.*, p. 66.

6. *Ibid.*, p. 20.

7. *Ibid.*, p. 14.

dans le déploiement universel de la technique et l'errance de l'homme qui en résulte[8].

Ce qui frappe dans ces énoncés n'est-il pas le fait que nous sommes incapables aujourd'hui de formuler les choses de cette manière? D'ailleurs nous ne le voudrions pas. Et pourquoi? Parce que l'idée même d'envisager quelque chose de manière substantielle a disparu de nos consciences. Nous ne croyons qu'aux flux, aux relations, à la dissipation, précisément, de toute substance. La substance a occupé la philosophie pendant un bon nombre de siècles, mais voués désormais à l'idée que tout est le résultat d'une « construction », nous avons congédié l'idée de « nature », à commencer par celle de « nature humaine ». À la fluidité de dissoudre toute norme! Un pluralisme surjoué aura, quant à lui, raison de la « nature » de toute chose, tandis que la communication distribuera infiniment la parole, instillant le doute sur la prétention, désormais ridicule, à viser une quelconque vérité. Société liquide, avait génialement diagnostiqué, dès 2006, Zygmund Bauman[9]. La seule réalité du flux, notre allégeance au flux, là est peut-être, finalement, ce que nous considérons comme seul existant, ce qui constitue la pensée substantielle de notre temps.

Dès lors, quel est le problème? Notre incapacité à l'unité, à une cohérence d'ampleur collective. Dans l'histoire de nos sociétés, agrégations de personnes présentes

8. Frédéric de Towarnicki, *Martin Heidegger. Souvenirs et chroniques*, Payot & Rivages, 1999, p. 55.

9. Zygmund Bauman, *La vie liquide*, Le Rouergue/Chambon, Rodez, 2006.

sur un même territoire, les facteurs d'unité étaient de plusieurs sortes : gouvernance, nature du pouvoir et du régime, *affectio societatis* des sujets ou des citoyens à base d'identité, d'histoire commune, et de narratif commun. De puissantes érosions, en Occident, mettent aujourd'hui à mal cette matrice d'unité : l'état de liquidité décrit par Bauman ; une histoire culturelle qui pousse à la désaffiliation toujours plus radicale de nos héritages ; une technologie qui dissout les structures politiques par lesquelles nous construisions un sens commun.

La question substantielle de notre temps, dans ce cadre, pourrait alors s'énoncer ainsi : alors que nous sommes en bout de course du projet moderne défini par Descartes, notre « radio mentale » ne veut en rien renoncer à occuper le terrain. Sans doute nous faudrait-il en rabattre un peu sur notre intelligence, mais savoir cesser l'intelligence à bon escient, cela s'appelle la sagesse : difficile… *A minima*, notre question substantielle pourrait finalement être celle-ci : quand cesserons-nous de « produire » le monde, de le harponner, de l'exploiter toujours plus avant selon la seule modalité de la « solution » et du « produit » ? Et, sans que nous nous en rendions compte, de nous rapetisser nous-mêmes en « produits » du monde ? Quand cesserons-nous de produire le monde, pour l'habiter un peu ?

Verticalité

Le monde, en attendant, nous presse et nous brutalise. Face à la violence, face au mal, face à la laideur du monde, que pouvons-nous faire ?

L'art sera toujours un recours. Une sonate de Schubert, un Titien, un poème d'Hugo, ou « Las de poursuivre en vain l'Ophir insaisissable[10] ». La danse, la pensée, les mathématiques et le cinéma, et tout ce qui, d'un seul trait de génie surgi des siècles précédents ou de l'inspiration présente, suffit à contredire, un bref instant et de sa seule lumière, notre désespoir, et la facilité avec laquelle nous détruisons chaque jour notre monde et nos semblables. La seule pensée de ces lumières est un puissant remède, et pourtant, l'homme est ainsi fait que nous n'en avons pas toujours envie. En dehors de l'art, en dehors des « stocks disponibles », pour ainsi dire, face à la laideur, au mal et à la violence, la seule réponse est d'ordre personnel : l'engagement personnel, total, sans calcul, le don de nos propres forces et de notre propre vie en direction du monde est le seul moyen d'échapper à ce que l'on nomme « la situation générale ». Pourquoi cela ? Parce que seul le « pli » de l'engagement défroisse le monde, parce qu'il n'existe pas, et n'existera jamais, de « situation générale » !

Aujourd'hui, la crise spirituelle est perceptible, nous l'avons dit, dans la porosité avec laquelle certains embrassent des idéologies extrémistes et, sur le plan anthropologique qui a largement drainé l'attention de ce livre, dans la manière dont beaucoup embrassent fiévreusement des illusions technologiques qui n'ont que l'obsolescence de l'homme à la bouche. Au-delà de leurs « produits », c'est leur mode de pensée qui désole, tant il suppose que le réel, « ce qui est », se réduit à un petit écran plat fait de « choses

10. Premier vers de « À un fondateur de ville », poème de José-Maria de Heredia issu de son recueil *Les trophées*.

qui marchent », de problèmes solubles, de trous bientôt comblés par des solutions imminentes. Ces nouveaux insensés comprennent-ils, au moins, cette phrase de Paul Klee, pour qui le « visible n'est qu'un exemple du réel[11] » ? Sans doute pas.

La spiritualité, elle, le sait depuis toujours. Elle sait que la verticalité, et non l'extension affairée de soi-même, est la première des dimensions. De toutes les attitudes, se tenir vertical est la moins coûteuse en occupation du monde, et pour cette raison la plus digne. La Bible commence ainsi, en dressant l'altière dimension d'un ciel et d'une terre. Un espace pour regarder vers le haut, et un espace qui, poursuivi vers le bas, est aussi celui de la gravité, la gravité de la justice, celui où les choses tombent, comme tombe juste le pli d'un vêtement de bonne coupe. Si l'on prend au sérieux l'étymologie du mot « cas », *casus*, du latin *cadere*, « tomber », alors la verticalité recouvre l'immense espace de « ce qui est le cas », rien moins que celui de la réalité et de la vérité, ainsi que Ludwig Wittgenstein commence son *Tractatus logico-philosophicus* : *« Die Welt ist alles, was der Fall ist »*, « Le monde est l'ensemble de ce qui est le cas[12]. » Ainsi, tendue entre un aperçu de la transcendance et la gravité où les choses ne jouent pas à autre chose que de tomber sur elles-mêmes, la spiritualité est notre véritable horizon, le seul qui puisse nous faire tenir debout, ou nous relever…

---

11. Cité par Roberto Juarroz, *Poésies verticales I-II-III-IV-XI*, *op. cit.*, p. 308.

12. Première phrase du *Tractatus logico-philosophicus*, de Ludwig Wittgenstein (trad. et éd. Christiane Chauviré et Sabine Plaud), Flammarion, 2021, p. 92.

Nous voici à nouveau soumis à l'image du hamster collé à sa roue, dont le drame est non seulement de déployer une énergie folle sans avancer, mais, surtout, de continuer à penser que la seule direction à suivre est la ligne droite. De cette négation de la verticalité, de cette incapacité à en saisir l'importance, Roberto Juarroz avait posé le diagnostic en ces termes : « Ce que nous pourrions appeler le principe de réalité ne peut être capté par une seule des capacités, facultés ou aptitudes de l'homme, mais par leur conjugaison unitaire et unitive, qui est bien davantage que leur addition pure et simple. […] L'homme a été obstinément trompé et divisé. Sa capacité d'imaginer, son pouvoir de vision, sa force de contemplation ont été relégués dans la marge du décoratif et de l'inutile[13]. »

En ce sens, la crise de la spiritualité n'est que l'autre nom, inversé, d'un espoir fou, d'une utopie immédiatement réalisable : ralentir, cesser, regarder, méditer, se relier, aimer. Redonner chance à ce que nous sommes en passe de tuer par l'algorithme et la logorrhée : la liberté d'acquérir à nouveau notre intériorité. La liberté d'y puiser sans réserve et de s'y perdre, pour nous ouvrir au partage, à la saveur du monde et au bonheur d'être ensemble.

---

13. Roberto Juarroz, « Poésie et réalité », in *Poésies verticales I-II-III-IV-XI*, *op. cit.*, p. 312.

Table

Deuxième partie
La crise spirituelle

Troisième partie
Cinq respirations